RAPPORT

SUR LA

SITUATION COMMERCIALE ET INDUSTRIELLE

DU

JAPON

PAR

L. DUREL

Licencié en sciences commerciales.

Société Anonyme ✳ ✳ ✳ ✳
H. VAILLANT-CARMANNE,
8, rue St-Adalbert, 8, Liége.
⌇⌇⌇ 1905. ⌇⌇⌇

École des Hautes Études Commerciales et Consulaires

DE LIÉGE

RAPPORT

SUR LA

SITUATION COMMERCIALE ET INDUSTRIELLE

DU

JAPON

PAR

L. DUREL

Licencié en sciences commerciales.

Société Anonyme * * * *

H. VAILLANT-CARMANNE,

8, rue St-Adalbert, 8, Liége.

1905.

INTRODUCTION

J'ai la satisfaction de pouvoir présenter pour la première fois au lecteur, un rapport composé par un élève de l'*Ecole des Hautes Études commerciales et consulaires*, pour son examen de Licencié en sciences commerciales.

Cette étude embrasse, conformément au programme, un domaine assez étendu. Cependant il a semblé qu'elle avait été faite avec assez de soin, à la fois sous le rapport de la forme et du fond, pour arrêter quelque temps l'attention de ceux qui s'intéressent — et ils sont nombreux aujourd'hui — à la situation commerciale, industrielle et économique du Japon.

Aussi la Direction de l'Ecole a-t-elle accueilli favorablement la proposition d'accorde · au Rapport de M. DUREL, les honneurs de l'impression.

On ne peut s'attendre à y rencontrer, sur tous les points, un examen détaillé et approfondi : cela n'était pas possible dans un cadre aussi restreint. Néanmoins cette étude renferme, outre un aperçu général très complet du Japon géographique et économique, nombre de renseignements instructifs puisés aux sources les plus récentes et les plus sûres et présentés sous une forme agréable.

Peut-être trouvera-t-on parfois un peu optimistes les appréciations que M. DUREL porte sur la Grande Bretagne de l'Extrême Orient, plus optimistes, en tout cas, que celles de la plupart des auteurs et que les opinions que je viens de défendre moi-même dans ma *Concurrence industrielle du Japon*. Mais on aurait vraiment mauvaise grâce de reprocher à l'auteur de s'être enthousiasmé pour un pays dont il a étudié la situation avec un réel intérêt et qui a réalisé tant de progrès en si peu de temps. D'ailleurs, qui sait, peut-être a-t-il raison ? C'est ce que l'avenir nous apprendra.

Laurent DECHESNE,
Professeur.

LIVRE I

Géographie physique

CHAPITRE I. — Configuration.

§ 1. — *Généralités.*

En face du continent d'Asie, aux masses compactes, aux épais contours, aux formes pleines, le Japon égrène ses îles déliées et fines et ses îlots ajourés comme une dentelle. Elégante frange des terres asiatiques, rattachée au continent par le Kamtchatka et par Formose, il se déploie du N.-E. au S.-O. en dessinant trois festons d'une régularité parfaite. Le feston central, beaucoup plus ample de proportions que les deux autres, est le Japon proprement dit. Des seuils sous-marins l'attachent au continent, par la longue île de Sakkalin au N. et par la presqu'île de Corée au S. A son centre, où il acquiert précisément sa plus grande largeur, se trouvent ses plus hautes montagnes; et, tout à côté de sa maîtresse âme — le mont Foudji — il a sa ville capitale, Tokyo.

La côte orientale harmonise ses contours avec ceux de l'archipel. Aux échancrures régulières que forment les trois groupes d'îles japonaises, correspondent trois profondes indentures du rivage continental et trois mers occupent l'écartement des côtes : la mer d'Okhotsk, la mer du Japon et la mer de Chine. Enfin, pour compléter l'harmonie de cette configuration physique, c'est précisément la mer du Japon — celle du milieu, qui a la plus grande profondeur.

— 6 —

Le Japon avec ses grandes îles et ses innombrables îlots —
il compte près de cinq cents îles et ilots (¹) — n'est en somme
qu'un chapelet de volcans égrené entre le Kamtchatka et
Formose ; du moins, les îles qui le composent sont toutes
d'origine volcanique, si on en excepte quelques îlots de
corail, sans importance aucune.

Un point remarquable dans cet Etat, est l'extraordinaire
développement de côtes qu'il présente : 30.000 kilomètres (²)
pour une superficie de 418.327 kilom. carrés, relativement
beaucoup plus encore que l'Angleterre qui, pour une superficie de 315.000 kilom. carrés compte 4.500 kilom. de côtes.

Les îles du Japon sont, comme nous le disions, disposées
suivant trois arcs à concavité tournée vers l'Asie. Ces trois
arcs correspondent précisément aux divisions naturelles du
Japon.

§ 2. — *Petites îles septentrionales (îles Kouriles).*

La première de ces régions, formée par les îles Kouriles
situées entre la pointe du Kamtchatka au N. et l'île d'Ieso,
au S., ne présente guère d'importance économique ; ces îles
sont trop mal partagées, surtout au point de vue du climat
et de la situation, pour avoir pu prendre une part active au
mouvement progressif des autres îles ; certaines d'entre elles
sont encore imparfaitement connues ; leur population, au
recensement de 1898, comprenait seulement 2.115 habitants,
soit un habitant pour environ 8 kilom. carrés (³).

§ 3. — *Grandes îles centrales.*

Si nous descendons plus au S. nous arrivons aux grandes
îles, le centre du pays à tous les points de vue.

(¹) Exactement 487, d'après l'*Annuaire financier et économique du
Japon*, p. 2.

(²) Exactement, d'après l'*Annuaire financier et économique du
Japon*, 1903, p. 2 : 7432,86 ri. (Le ri = 3 km. 92727) ou 29.197 km. 841.

(³) *Recueil consulaire*, tome 118, 3e livraison, p. 180.

La plus septentrionale de ces îles est *Ieso* (en japonais : Hokkaido).

Cette île est encore trop isolée, ou plutôt trop septentrionale ; elle peut être considérée comme la transition entre le groupe désolé des Kouriles et les îles les plus riches de l'archipel japonais. C'est une de celles qui eurent le plus à souffrir du régime féodal, aussi sa civilisation resta-t-elle inférieure à celle des autres îles ; en 1868, lors du rétablissement du pouvoir mikadonal, elle fut rattachée plus directement à l'Empire, qui s'efforça de la faire prospérer. Mais elle a surtout contre elle son climat, détestable, à ce point qu'elle reste couverte de neige ou de glace pendant six mois de l'année. Aussi et quoique sa superficie soit de plus de deux fois et demie celle de la Belgique, avec un développement (2.300 kilom.) et une articulation de côtes remarquables, reste-t-elle encore à un degré inférieur de civilisation et de population ([1]).

On peut croire que l'importance prise par Vladivostock depuis l'achèvement du Transmandchourien, faisant suite au Transsibérien, aura une répercussion heureuse sur l'île de Ieso, qui lui fait face et dont la côte occidentale, très découpée, se prête bien à l'établissement de ports.

Le pays est considéré comme possédant d'importantes richesses minérales, principalement du charbon. Les forêts y sont très nombreuses et exploitées. Ses villes principales sont :

1° *Hakodaté* (78.000 habitants). Port situé sur le détroit de Tsougari, qui sépare Ieso de sa grande voisine méridionale. La ville possède une bonne rade profonde et bien abritée au

---

([1]) Le *Résumé statistique de l'Empire du Japon* de 1902, renseigne pour cette île une population de 608 040 au 31 décembre 1898, soit environ 8 habitants par kilomètre carré.

fond d'une petite baie. Ce port, peu important au point de vue des transactions avec l'Europe, exporte en Chine une foule de produits de la mer : algues, mollusques, poissons secs, etc.

2° *Otarou* (57.000 hab.). Ce port, situé sur la côte occidentale, est bien installé et va recevoir des améliorations en vue de l'augmentation du trafic résultant de l'achèvement du transsibérien. Son mouvement maritime est déjà en progrès.

3° *Sapporo* (37.000 hab.). C'est la capitale de l'île, elle est reliée au port d'Otarou par un chemin de fer. La dénomination de chef-lieu conviendrait peut-être mieux à la ville de Sapporo, car Ieso n'a pas encore reçu l'autonomie locale que possèdent les autres parties de l'Empire. Cependant, elle va lui être accordée.

4° A citer enfin *Mouroran*, au S., un des meilleurs ports de tout le Japon.

Une remarque : le gouvernement central considère l'île d'Ieso comme une colonie de peuplement et favorise énergiquement sa colonisation. Plus de 40.000 émigrants japonais s'y établissent annuellement, ce qui permet d'augurer favorablement de l'avenir de cette île [1].

Passons maintenant à la seconde des grandes îles, *Niphon* ou *Hondo*, la principale, séparée de Ieso par le détroit très profond de Tsougari. L'île est bien partagée en ce qui concerne les ports et les côtes, surtout remarquables du côté de l'Océan Pacifique ; le développement des côtes y atteint 7.800 kilomètres, pour une superficie comprenant 7 $\frac{1}{2}$ fois celle de la Belgique. L'orographie en est très irrégulière ; l'île est littéralement parsemée de montagnes et de volcans ; quelques sommets y atteignent 3.500 mètres ; le plus élevé est le Foudji Jama, aux environs de Tokio et de Yokohama, dont la cime atteint 3.700 m. de hauteur et est presqu'en tout

---

[1] *Résumé statistique de l'Empire du Japon*, Tokyo, 1902, p. 16.

temps recouverte de neige. En général, les montagnes et les collines du Hondo sont boisées.

Par sa constitution orographique, l'île ne se prête évidemment pas à la navigation intérieure : ses rivières ont un débit très irrégulier et porteraient mieux le nom de torrents. Les canaux n'y existent pas.

Le climat du Hondo est passable, analogue, avec ses quatre saisons, à celui de la Belgique, mais avec une humidité beaucoup plus prononcée. L'île possède six villes de plus de 200.000 habitants :

1° *Tokyo*, capitale de l'Empire, compte 1.500.000 habitants. C'est une ville immense, sans caractère, trop grande pour ses habitants, pourtant si nombreux. Sa distribution d'eau a été installée par la Compagnie Générale des conduites d'eau, de Liége. Beaucoup plus remarquable est

2° *Osaka*, qui, quoique moins peuplée (821.000 habit. en 1898) est, par excellence, la ville des richesses et des entreprises. Elle est surtout renommée pour la façon dont elle pratique l'industrie du coton (²) ; en effet, elle compte dix-neuf grandes filatures installées à l'européenne et occupant plus de 20.000 ouvriers. Elle renferme les ateliers du gouvernement pour la frappe des monnaies.

3° *Kyoto* (350.000 habit.) a conservé, au contraire d'Osaka, son caractère japonais. Elle est fort peu industrieuse et ne fabrique guère que des soieries, des peintures, des objets d'art, renommés pour leur bon goût. Cette ville fut, jusqu'en 1868, la résidence du Mikado, qui, avant cette époque, ne régnait que nominalement et était supplanté en réalité par des espèces de maires du palais.

4° *Nagoya* (250.000 habit.), située entre Tokyo et Kyoto, est très prospère et renommée pour ses éventails, sa porcelaine et surtout ses cloisonnés.

(²) Cf. LEROY-BEAULIEU. *Rénovation de l'Asie*, Armand Colin, 1901, p. 221 et suiv.

5° *Kobé* (259.000 habit. en 1901) possède un excellent port et est reliée, par un chemin de fer de 30 kilom. de longueur, à Osaka et à la baie de ce nom. Elle est, avec Yokohama, le centre du commerce extérieur du Japon.

6° *Yokohama* (300.000 habitants, dont 2.000 Européens) est le siége d'une préfecture, de dix-sept consulats, de six banques étrangères et d'une trentaine de banques japonaises, d'environ cent cinquante maisons de commerce étrangères, de plusieurs grands hôtels européens, de nombreuses compagnies de navigation. Sa prospérité est toute récente et due, en grande partie, aux étrangers.

Parmi les îles les plus importantes entourant Hondo, citons Sado, les quatre Oki, les deux Tsushima et Iki, dans la mer du Japon ; Awaji, fermant la baie d'Osaka ; Sikoku dans la baie intérieure et enfin Kiou-Siou, la plus rapprochée de la Chine. De ces îles, Kiou-Siou et Sikoku sont les seules importantes.

Kiou-Siou ou *Kiu-Siu* a une population de 6.800.000 habit. pour une superficie de 43.600 kilom. carrés, y compris les îlots voisins, ce qui donne une population relative de 156 habitants par kilomètre carré. Elle possède d'importantes exploitations de charbon ; on y rencontre la seule grande aciérie et fabrique de fer du Japon, dont le siège est à Wakamatsou, à la pointe N. de l'île.

Les villes principales sont :

Nagasaki (108.000 habitants) c'est un port important, surtout pour le charbon. La ville est moderne, éclairée à la lumière électrique et pourvue de conduites d'eau.

Fukuoka (66.000 habitants).

Koumamoto (62.000 habitants).

Kagochima (54.000 habitants).

Sikoku ou *Sikok* a sa côte septentrionale tournée vers Hondo, celle de l'O. faisant face à Kiou-Siou. Sa superficie est de 17.500 kilom. carrés avec une population d'environ

3 millions d'habitants (170 par kilom. carré) et une étendue de côtés de plus de 1.800 kilomètres.

Son climat est si favorable, grâce à l'existence d'une sorte de Gulf stream japonais qui la réchauffe, qu'on parvient à recueillir deux récoltes de riz par an, ce qu'on ne peut obtenir (quoiqu'en disent certains auteurs) dans les autres îles. On y rencontre de riches mines de cuivre et on y cultive le sucre et le tabac.

§ 4. — Formose.

Pour terminer ce rapide aperçu, disons quelques mots de Formose, fruit de la victoire du Japon sur la Chine en 1895, fruit encore vert, d'ailleurs.

L'île de Formose a une superficie d'environ 35.000 kilom. carrés avec une population, en chiffres ronds, de 2.800.000 habitants. Cette population comprend, à l'intérieur, des sauvages malais, dont certaines tribus sont encore anthropophages.

L'île produit en abondance du riz, du sucre de canne, du thé, des bananes, etc. On croit qu'elle renferme en abondance du charbon, de l'or, du pétrole, du soufre. Cependant, le moment de l'exploiter rationnellement n'est pas arrivé, car, maintenant encore. des combats fréquents s'y livrent contre les colons chinois ou les sauvages.

CHAPITRE II. — Population (¹).

§ 1. — Généralités.

La population de toutes les îles réunies, Formose et les Pescadores y comprises, était au 1er janvier 1899, de

---

(¹) DUBOIS et KERGOMARD. Précis de Géographie économique, Paris, Manson et Cie, 1903, page 563. Recueil consulaire, tome 118, 3° livr., pages 195 et suiv.

46.541.976 habitants, soit 111 habitants par kilomètre carré. Le Japon proprement dit, qui n'en avait que 40.453.461 en 1890, en comptait, en 1899, 44.260.604. L'accroissement moyen qui en 1890, était de 0,95 par 100 habitants, était, en 1898, de 1,24 °/₀ et en 1899, de 1,14 °/₀ (¹).

La population se divisait encore en 1898, en trois classes : les nobles, les anciens guerriers et les simples particuliers. Les deux premières classes diminuent depuis 1863.

La population du Japon a augmenté en moyenne durant ces dix dernières années, de 400.000 habitants par année ; si cette augmentation se maintient, le chiffre de la population aura doublé dans environ 100 ans.

§ 2. — *Emigration.*

L'émigration japonaise est de date toute récente : 1885. Il faut chercher dans la disproportion existant entre les salaires et le prix des subsistances une des causes principales de l'émigration. Ceci prouve que le Japonais n'est plus le travailleur bénévole qui, il y a quelques années, s'engageait pour 24 dollars par an dans une filature de soie. Parallèlement aux progrès et à la prospérité de l'industrie de son pays, le Japonais a acquis la notion plus exacte de la valeur croissante et normale de son travail. Aujourd'hui, plutôt que de travailler encore pour des salaires dérisoires (²), il préfère s'expatrier. Quoiqu'il en soit, le Gouvernement encourage fortement ce mouvement d'émigration, seul remède aux

---

(¹) *Résumé statistique de l'Empire du Japon*, tableau 7.
(²) Moyenne des salaires journaliers en 1897 :
   hommes. . . . 23 ¹/₂ sen, soit fr. 0,59
   femmes . . . . 14 ʳ » 0,35
 Pierre LEROY-BEAULIEU. *Rénovation de l'Asie*, Paris, Colin, 1901, page 227.

embarras économiques dont il est menacé par un excès de population. Il a pris des mesures très sévères pour la réglementation des sociétés d'émigration redoutant que ses nationaux, partis loin de la mère patrie, ne tombent dans la misère, ne soient exploités et maltraités et ne puissent, le cas échéant, se faire rapatrier.

Ce sont particulièrement les îles Hawaï, l'Australie et l'Amérique qui reçoivent les courants d'émigration japonaise. Viennent ensuite le Brésil, le Mexique, le Pérou et la République Argentine. L'émigration pour les îles Hawaï comprend près de la moitié du chiffre total des expatriations ; elle comprenait, en 1897, 4.641 hommes et 1.109 femmes, soit 5.740 émigrants sur un total de 13.703. En 1885, le nombre d'émigrations n'était que de 2.226, dont 1.941 pour les îles Hawaï ([1]).

§ 3. — *Race.*

Le Japon est peuplé par une race jaune, ayant beaucoup de points communs avec la race chinoise. La taille moyenne des Japonais est, comme chacun le sait, sensiblement inférieure à la nôtre ; elle est d'environ 1 m. 50.

Les Japonais, s'ils ne sont pas vigoureux, présentent cependant une résistance extraordinaire à la fatigue.

§ 4. — *Religion.*

Ses religions principales sont le shintoïsme et le bouddhisme, mais la liberté de conscience et le libre exercice des cultes sont reconnus par la loi.

([1]) P. MAY, secrétaire de légation à Tokio. *Rapport sur l'émigration japonaise,* Bruxelles, impr. des travaux publics, 1899, pages 285 à 291.

Chapitre III. — **Climat.**

Les îles japonaises font partie de la région asiatique soumise à l'influence des moussons. Le climat de cette région
est réglé par l'alternative des vents chauds et humides du
S.-O. en été et des vents froids et secs du N.-E. en hiver,
vents auxquels on a donné le nom de moussons. On peut
donc dire d'une manière générale, que les étés sont chauds
et humides, tandis que les hivers sont froids et secs. Pour le
Japon proprement dit, c'est-à-dire les grandes îles centrales,
les extrêmes de température sont moins marqués, par suite
de l'existence du courant marin chaud du kuro-shiwo.
D'autre part, du Nord au Sud, il existe des écarts de tempé-
ratures considérables ; les îles Kouriles, comme nous l'avons
dit, sont presque sibériennes, alors que le climat de Formose
est presque tropical. A Tokyo, dans l'île centrale de Nippon,
la température moyenne en été est de 25° C. environ et en
hiver de 4° C. Les pluies sont beaucoup moins considérables
dans le nord que dans le sud (¹).

Chapitre IV. — **Courants** (²).

Il existe dans les eaux japonaises un courant chaud
analogue à celui qui traverse l'Atlantique et auquel on a
donné le nom de Kuro-Shiwo (courant noir) dû à la couleur
bleu foncé de ses eaux ; ce courant baigne la côte orientale
des trois grandes îles japonaises de Kiou-Siou (ou Kiu-Shiu),
Sikoku et Hondo.

(¹) *Rapport consulaire*, tome 118, 3e livraison, page 220.
(²) Cf. Vivien de St-Martin. *Dictionnaire de Géographie univer-
selle*, 1884, Paris, Hachette et Cie, tome II, page 940.

A l'opposé du Kuro-Shiwo, courant chaud, existent des courants froids venant des mers d'Okhotsk et de Behring ; encore que peu considérables, ils abaissent cependant la température des côtes occidentales japonaises ainsi que celle des côtes sibérienne et coréenne.

Chapitre V. — Ports.

La côte japonaise, par sa nature déchiquetée, se prête fort bien à l'installation des ports. Cependant le grand défaut de ces ports naturels est d'être trop peu profonds pour permettre l'accès des navires de fort tonnage; ce sont plutôt des ports de pêche et de petit cabotage. Les meilleurs et les plus importants sont ceux de Yokohama, Kobé, Nagasaki et Hakodaté, qu'on améliore d'ailleurs tous les jours.

Chapitre VI. — Hydrographie.

Ce que nous disions pour Hondo s'applique évidemment à la généralité du pays. Les rivières, quoique fort nombreuses, ont peu de longueur et ne drainent que des bassins de faible étendue, ce qui s'explique par le caractère montagneux et entrecoupé du pays et le peu d'ampleur des îles.

Ces rivières, sauf celles environnant Tokyo et Osaka, servent peu de moyens de transport, si ce n'est pour le flottage des bois ; on les utilise surtout pour irriguer les champs de riz. La plus longue et la plus importante est la Shinano-Pawa, dont le cours ne dépasse cependant pas 300 kilom. ; elle se jette dans la mer du Japon à Nigata.

Les lacs, peu nombreux et peu importants, n'existent que dans le Hondo. Jusqu'ici, on n'a pas encore ressenti la nécessité de creuser des canaux servant à la navigation ; de tels travaux coûteraient trop de travail et d'argent pour l'utilité qu'ils pourraient présenter, la grande articulation des côtes rachetant largement la pauvreté des voies de navigation intérieure.

Chapitre VII. — Vents.

Nous avons dit déjà que l'Asie Orientale est soumise à l'action de deux moussons, ou vents périodiques, dont l'une, celle d'hiver, souffle du Nord-Est et l'autre, celle d'été du Sud-Ouest. En dehors de ces vents alizés, le Japon se trouve naturellement sous l'influence de vents venant de terre ou de mer, mais dont l'effet est moins prononcé que celui des moussons. Les typhons, enfin, sont des vents tournants, d'une violence extrême, accompagnés de pluies diluviennes et parfois d'orages ; ils causent les plus grands dommages à la navigation et au pays, car leur force est telle qu'ils déracinent aisément les plus gros arbres et font chavirer des navires parfois du plus fort tonnage.

Chapitre VIII. — Action des forces souterraines [1].

§ 1. — *Volcans.*

Les îles japonaises sont presque toutes d'origine volcanique et cette activité des forces souterraines se manifeste encore par l'existence de dix-huit volcans en activité. En outre, le Japon compte une centaine de volcans éteints, ou

---

[1] Vivien de Saint-Martin. *Dictionnaire de Géographie vniverselle.* Paris, Hachette, 1884, p. 938.

supposés tels, car l'un d'eux, le Bandaï-San, est rentré inopiment en activité en 1888 et a enseveli plusieurs villages avec leurs habitants.

§ 2. — *Sources thermales.*

Etant donné l'activité volcanique du pays, il est naturel que les sources thermales y soient abondantes. Les sources thermales neutres et sulfureuses y prédominent, celles acides ou alcalines y sont rares. Les sources sulfureuses ont laissé de forts dépôts de soufre, qui est maintenant l'objet d'un important commerce d'exportation vers la Chine, l'Amérique et même l'Europe.

§ 3. — *Tremblements de terre.*

Les tremblements de terre sont fréquents au Japon et leur violence y cause souvent les plus grands désastres. C'est ainsi qu'en 1855 un tremblement de terre détruisit Tokyo et fit périr plus de 100.000 personnes. Ils sont généralement accompagnés d'éruptions volcaniques et de ras-de-marée qui en rendent les conséquences encore plus terribles.

LIVRE II

Géographie politique

CHAPITRE I. — Gouvernement.

Depuis 1889, le Japon a une constitution ; il avait été soumis jusqu'alors au pouvoir absolu. Le Mikado (empereur) conserve un pouvoir exécutif très étendu, mais il est assisté d'une diète impériale composée de deux Chambres : la Chambre des pairs, nommée en partie par lui, en partie par un corps électoral spécial et la Chambre des représentants, élue par un mode de suffrage censitaire.

CHAPITRE II. — Divisions.

Autrefois, l'empire était divisé en provinces ; il l'est aujourd'hui en préfectures et en villes impériales. Il est inutile, me semble-t-il, de faire ici l'énumération de ces divisions ; on la trouvera dans les ouvrages spéciaux sur le Japon.

CHAPITRE III. — Armée et Marine.

Le service militaire est obligatoire pour tous ; il a une durée de trois ans. L'armée comprenait en 1900 : (¹)

(¹) DUBOIS et KERGOMARD. *Précis de Géographie*, page 564.

Sur pied de paix, un effectif de 6.557 officiers et 149.134 hommes de troupe ;

Sur pied de guerre, un effectif de 9.125 officiers et 423.604 hommes de troupe.

La marine de guerre est composée de navires modernes et munis des derniers perfectionnements, tant au point de vue de la marche qu'à celui de l'armement. Le principal fournisseur de navires de guerre est la Grande Bretagne. Au 31 décembre 1900, la flotte comprenait 71 navires, d'un déplacement total de 251.763 tonneaux et mus par des machines développant une force de 452.799 chevaux-vapeurs; l'effectif des équipages s'élevait à 15.806 hommes, contre 6.845 en 1895 [1].

On sait qu'un traité d'alliance a été conclu en 1902 entre le Japon et l'Angleterre, entre " la Grande Bretagne de l'Extrême-Orient „ et la Grande Bretagne européenne.

---

[1] *Résumé statistique*, page 131, tableau n° 2.

LIVRE III

Géographie économique

CHAPITRE I. — Considérations générales.

Il s'en faut de beaucoup que le Japon soit encore, comme la Chine ou l'Inde, un pays que les puissances européennes puissent considérer comme une colonie d'exploitation, ou même comme un pays neuf où elles puissent écouler l'excédent de leurs produits industriels. Le Japon peut et sait se suffire à lui-même, si pas complètement, du moins à un point tel que, d'ores et déjà, on peut l'assimiler, économiquement parlant, à un Etat européen. Ne l'appelle-t-on pas parfois " la Grande Bretagne asiatique „ ?

C'est spontanément que le Japon s'organise sur le modèle des anciens Etats d'Occident ; pour ce faire, il n'a nul besoin du stimulant intéressé de l'étranger. Cependant, il n'a eu garde de recourir aux mesquines tracasseries de ses voisins de l'Ouest pour se débarrasser des étrangers devenus importuns ; il y est parvenu par des moyens économiques d'une prévoyance remarquable, notamment par la suppression de l'exterritorialité, des tribunaux consulaires et du droit de propriété foncière pour l'étranger (¹).

La situation géographique du Japon en fait le trait d'union naturel entre l'Asie et l'Amérique, ce qui lui assigne pour l'avenir un rôle commercial d'une importance extrême.

(¹) LEROY-BEAULIEU. *Rénovation de l'Asie*, pp. 316 et suiv. Sur ce dernier point, il a cependant dû faire récemment des concessions.

Chapitre II. — **Règne végétal.**

§ 1. — *Génératités.*

Les *Heimin* ou simples particuliers constituent évidemment le fond de la population dont la moitié environ ([1]) est employée à des travaux agricoles. Cette proportion énorme de cultivateurs ne doit pas nous surprendre ; car au Japon l'agriculture est très honorée et considérée socialement comme supérieure au commerce et à l'exercice des métiers.

Le Japon est, par excellence, un pays de petite culture ; ceci provient de la nécessité où il s'est trouvé, jusqu'en 1868, de se suffire à lui-même. Le Japonais, forcé de pratiquer la culture intensive, y est arrivé par le morcellement du terrain ; d'un autre côté, peu nomade, il est resté profondément attaché au sol, quoiqu'il croie ne pas en être le propriétaire absolu : en effet, dans la conception japonaise, le sol appartient exclusivement au Mikado, descendant et héritier des dieux créateurs du Japon.

Le cultivateur japonais est très sobre et très pauvre ([2]); sa nourriture est presque exclusivement végétale ; le riz en est la base ; il y ajoute parfois du poisson et des légumes. Il n'élève pas de bétail, ce qui équivaut à dire qu'il n'entretient pas de prairies et que les fermes — si fermes il y a — sont réduites à leur plus simple expression.

Un fait remarquable : dans ce pays excessivement agricole, à population très dense dont les 8/10 habitent la campagne ([3]), un douzième à peine du sol est mis en culture. Ce fait provient surtout de la nature accidentée du pays ; de

---

([1]) *Rapport consulaire*, tome 118, 3ᵉ livraison.
([2]) Leroy-Beaulieu. *Rénovation de l'Asie*, p. 240.
([3]) Cfr. » » » » p. 232-233..

plus, les terres d'alluvion y sont rares et ne s'étendent jamais
sous forme de plaines. La terre jaune fait défaut et si les
terrains volcaniques y sont de leur nature très productifs,
en revanche, leur étendue est peu considérable ; d'ailleurs, le
sol est épuisé, et l'absence de bétail, donc d'engrais, rend son
entretien difficile. En somme, le sol ne convient guère à la
culture et, si l'on considère de plus les conditions, plutôt
défavorables, du climat, — sauf dans l'île de Kiou-Siou — on
se rendra compte des difficultés multiples que doit sur-
monter le cultivateur japonais.

" Aujourd'hui, l'agriculture japonaise est caractérisée par
les particularités suivantes : extrême division du sol; absence
de grandes exploitations et de grandes propriétés ; emploi
d'instruments aratoires simples, dirigés presque toujours à la
main, rarement avec le secours d'animaux, jamais avec celui
de machines ; transports à dos d'hommes, c'est-à-dire dans
deux paniers suspendus aux deux extrémités d'une perche
de bambou reposant par son milieu sur l'épaule ; absence de
route convenable et de chariots ou brouettes ; absence de
prairies, d'élève du bétail, de troupeaux, de pâturages, d'industrie beurrière ou laitière ; emploi d'engrais humain, de
guano de poisson, de tourteaux de fèves venant de Mand-
chourie, d'engrais artificiel importé „ (¹).

§ 2. — *Cultures alimentaires.*

Le riz est le produit agricole le plus important du Japon.
Sa culture couvre un espace plus grand que toutes les autres
réunies : 2.828.349 *cho* pour le riz contre 1.805.996 *cho* pour
les autres cultures (²) ; on le cultive dans toutes les îles du

---

(¹) *Rapport consulaire*, tome 118, 3e livraison, pages 198-199.
(²) *Résumé statistique du Japon*, page 18, tableau I (1 cho = 99.173
ares).

Japon, sauf évidemment dans les îles septentrionales. D'après ceci, on pourrait croire que le Japonais consomme énormément de ce riz ; il n'en est rien, du moins pour les classes inférieures qui ne s'alimentent en grande partie que de riz commun et à prix réduit venu de l'étranger, souvent remplacé par du millet ou de l'orge. Quant au riz du pays, il est considéré comme produit de luxe et exporté dans divers pays, où on le considère comme le meilleur de l'Extrême-Orient.

Le riz japonais est également employé en grandes quantités dans la fabrication d'un alcool spécial appelé saké.

Le prix du riz augmente considérablement ; en 1887, il était de 4 *yen* 710 le *koku* (= 180,39 litres) contre 13 *yen* 110 en 1898 et 11 *yen* 470 en 1901 ([1]).

Quelques céréales sont cultivées dans le pays, mais cette culture présente peu d'importance, attendu que le Japonais ne consomme pas de pain ; les plus importantes sont le millet et l'orge, qui servent souvent à remplacer le riz.

Les fèves et les pois ont une grande importance ; on en fait une énorme consommation, car ces légumineuses permettent au Japonais de varier son ordinaire, qui, sans cet appoint, se composerait presqu'exclusivement de riz bouilli. Ces fèves sont très nourrissantes et, pour les Jaunes, remplacent en quelque sorte la viande ; on en fait aussi des sauces, des gelées et des mets nationaux.

Parmi les plantes alimentaires, il faut citer le lotus que l'on serait tenté de croire plante ornementale, sinon sacrée. En réalité, le lotus, ou plutôt sa racine ou rhizôme qui atteint une longueur de plus d'un mètre et un diamètre d'environ dix centimètres, entre pour une grande part dans l'alimentation des peuples jaunes, qui le mangent comme nous mangeons la pomme de terre.

([1]) *Annuaire financier et économique.* Tokyo, 1903, page 74.

La pomme de terre européenne est rare et d'ailleurs peu
appréciée des Japonais ; aussi, sauf aux environs des villes
ouvertes aux Européens, la culture en est-elle peu importante. Le Japonais préfère la patate sucrée, ou mieux le yam,
espèce de pomme de terre sauvage atteignant jusqu'à 50
centimètres de longueur. Il mange aussi avec goût les bulbes
de lis.

Un des légumes préférés des Japonais est le daïkon,
variété géante de notre radis, atteignant parfois le poids de
40 kilogrammes ; il sert surtout de condiment au riz.

Citons encore, parmi les plantes alimentaires : les champi-
gnons, parfois de taille énorme; les cucurbitacées (citrouilles,
melons, pastèques, concombres, etc.), les aubergines, les
tomates, les piments, les oignons, les jets de jeunes bambous.

Les algues marines méritent une mention particulière
pour l'importance du commerce qu'elles alimentent ; on en
consomme une grande quantité sous forme de soupes, de
gelées, de conserves. En 1901, le Japon a vendu à la Chine
pour 3,5 millions de francs d'herbes marines.

§ 3. — *Fruits.*

Les fruits abondent, ce sont : les oranges mandarines, les
fruits du plaqueminier, les marrons, les poires sphériques,
les nèfles, les oranges amères, les citrons et limons, les raisins blancs et rouges, tous deux impropres à la fabrication
du vin, les groseilles, les cerises et les noix.

Les Japonais mangent leurs fruits d'une façon particulière ;
ils les cueillent verts, les laissent quelquefois mûrir ensuite,
mais le plus souvent ils en font des conserves salées ce qui
n'exige pas des produits de première qualité. Aussi la culture
en est-elle négligée : les espaliers sont inconnus ; seuls, les

pêches, les raisins, les oranges et les poires sont l'objet de quelques soins.

Depuis quelques années, on a acclimaté au Japon des arbres fruitiers européens ; l'essai a bien réussi, notamment en ce qui concerne les poiriers, pommiers et pêchers. On commence à cultiver la fraise dans le voisinage des grandes villes.

§ 4. — Thé.

Le thé est un des principaux articles du commerce japonais. Anciennement le Japon et la Chine avaient le monopole de la culture de l'arbre à thé ; aujourd'hui, cette culture se pratique industriellement à Java, Ceylan, etc., tandis qu'au Japon ; elle est restée proprement du jardinage, quoique la contiguïté des jardins à thé, non séparés par des palissades, donne l'illusion de grandes exploitations.

Le thé japonais ne s'exporte plus guère qu'au Canada et aux Etats-Unis et là encore il est menacé par la concurrence de celui de Ceylan.

Le thé est classé en thé noir et thé vert ; il est dit noir lorsque, après la cueillette, il a été soumis à une fermentation qui le brunit ; il est vert lorsqu'il a été conservé à l'abri de cette fermentation.

En 1900, la fabrication du thé occupait 568.147 ménages, pour une superficie cultivée de 49.266 chô. La production fut, cette année, de 7.643.301 kwan (¹) (le kwan vaut 3,75 kgs) soit un peu plus de 26 millions de kilogs. Cette même année, l'exportation atteignit le chiffre de 9.036.819 yen (²) somme qui, pour un prix moyen de 36,36 yen les 100 kin (³) (1 kin =

(¹) Recueil consulaire, tome 118, 3ᵉ livr., p. 208.
(²) Annuaire financier et économique du Japon, p. 90.
(³)   »   »   »   »   p. 74.

600 grammes), représente un poids approximatif de 13 millions de kilogs, soit près de la moitié de la production.

§ 5. — *Tabac.*

Le tabac est très cultivé au Japon, où l'on en fait une consommation considérable. Le Japonais le fume avec une pipe minuscule dont le foyer ne contient que la quantité de tabac suffisante pour aspirer deux ou trois bouffées; d'où la nécessité de rebourrer cette pipe à chaque instant, ce qui fait que fumer est là-bas une occupation exclusive des autres.

Le gouvernement s'est réservé le monopole du tabac, qui, pendant l'exercice 1903-1904, rapportait à l'Etat un bénéfice de 12.606.012 yen ([1]).

Le meilleur tabac, d'après le goût du pays, vient de l'île Kiou-Siou. L'usage de la cigarette commence à se répandre partout.

§ 6. — *Plantes oléagineuses.*

Les plantes oléagineuses : fèves, sésames, arachides, coton, sont cultivées intensivement. Les huiles, d'après leur provenance, servent à l'alimentation, l'éclairage, la toilette (coiffure des femmes), la médecine, la peinture. On les emploie également dans la préparation du papier translucide pour parapluies, imperméables, etc. Les tourteaux ou résidus de fabrication constituent un excellent engrais.

§ 7. — *Cire végétale.*

La cire végétale provient des fruits du sumac et constitue un important produit commerçable. La principale espèce de sumac cultivée au Japon est l'arbre à laque, qui atteint 10

([1]) *Annuaire financier et économique du Japon*, p. 29.

mètres de hauteur et 1 mètre de circonférence ; ses fruits donnent de la cire ; quant à la laque, cet élément d'une des industries particulières aux pays jaunes, elle est recueillie au moyen d'incisions pratiquées dans l'écorce, quand l'arbre atteint 9 ou 10 ans.

§ 8. — *Plantes textiles.*

Parmi les plantes textiles du Japon, citons d'abord le chanvre, cultivé en abondance ici, vu l'importance de l'emploi de ses fibres dans le tissage des vêtements grossiers portés par le peuple.

Quant au coton, il est cultivé en quantité insuffisante pour les besoins du pays, surtout depuis l'installation sur place de grandes filatures mécaniques. On a importé en 1902, pour 88.780.000 yen de coton brut [1], venant surtout des Indes Anglaises, des Etats-Unis et de la Chine.

La ramie est une plante indigène d'Extrême Orient, donnant un tissu léger, brillant, solide et souple. Son emploi est étudié en France, où à l'Exposition de 1900, se tint un " Congrès de la ramie ".

§ 9. — *Plantes d'usages divers.*

Parmi les autres plantes servant à des usages divers, citons celles qui donnent de la pâte à papier. On sait quels usages nombreux le papier reçoit dans ce pays ; on en fait jusqu'à des cloisons de maisons. Ces plantes sont principalement le palmier, le roseau, le bambou, ce dernier employé également dans la fabrication d'une espèce de vannerie fort estimée.

---

[1] *Annuaire financier et économique du Japon*, p. 97.

§ 10. — *Plantes tinctoriales.*

La plus importante des plantes tinctoriales du Japon est l'indigofera, parce que les vêtements des classes laborieuses se teignent généralement en bleu. Cependant, la production de l'indigo est insuffisante et on en importe de grandes quantités de l'Hindoustan et des Indes Orientales anglaises, voire même de l'Allemagne, qui commence à importer au Japon beaucoup d'indigo artificiel.

§ 11. — *Camphrier.*

Le camphre ordinaire, appelé aussi camphre du Japon, se retire, en Chine et au Japon du Laurus camphora, ou laurier camphrier, de la famille des Laurinées. Les tiges et les racines de l'arbre, réduites en copeaux, sont soumises à l'ébullition avec de l'eau dans des vases de fer hémisphériques ; chaque vase est garni d'un chapiteau en paille de riz sur lequel le camphre entraîné par la vapeur d'eau, vient se condenser. On obtient de cette manière le camphre brut, qui est raffiné en Europe par sublimation ([1]).

Les deux Chambres du Parlement Japonais ont voté, au commencement de juin 1902, une loi étendant à tout l'empire le monopole du camphre et de l'huile de camphre, qui, antérieurement, n'était appliqué qu'à l île de Formose, le plus grand producteur du monde.

§ 12. — *Noix de Galle.*

La noix de galle, matière première des colorants noirs, ne se rencontre guère, attendu que le Japonais porte le deuil en blanc.

([1]) *Bulletin Commercial* : samedi 18 juillet 1903.
Précis de Chimie par BASIN. Mony et Cie, Paris, 1901, p. 217.

§ 13. — *Ecorces à tan.*

Les écorces à tan (écorces du chêne et du sumac) se récoltent depuis quelques années seulement, c'est-à-dire depuis que l'usage du cuir s'est répandu au Japon.

§ 14. — *Horticulture.*

Le Japonais aime beaucoup les fleurs : aussi pratique-t-il l'horticulture sur une grande échelle. Les fleurs japonaises ont plus d'éclat, mais moins de parfum que les nôtres.

Le chrysanthème est le roi des fleurs du Japon, où l'on a réussi à lui donner des formes invraisemblables (boule, étoile, chevelure) et des dimensions gigantesques.

L'iris est également une belle fleur, très goûtée des amateurs.

Une culture particulière au pays est celle des arbres nains; par des moyens spéciaux, l'horticulteur est arrivé à obtenir de vraies miniatures d'arbres tels que sapins et érables, dont la taille parfois ne dépasse pas 2 centimètres.

Le commerce des fleurs est important; on expédie surtout à l'étranger « de grandes quantités d'oignons de lis (pour plus de 550.000 francs en 1901) ; des plantes, arbustes, buissons et racines diverses (pour plus de 300.000 francs en 1901), des semences (environ 200.000 francs en 1901), des bambous pour près d'un million de francs » (¹).

§ 15. — *Forêts.*

Les forêts couvrent 41 % de la superficie du Japon central, c'est-à-dire en laissant de côté Ieso, Formose et les îles groupées à l'extrême Nord et à l'extrême Sud. Cette proportion d'étendues forestières atteint 64 % pour l'île de Sikokou.

(¹) *Recueil consulaire*, tome 118, 3e livr., p. 219.

On peut diviser les forêts en deux grandes classes, selon qu'elles sont naturelles ou entretenues.

Les premières, qui comprennent les 23 centièmes de la surface forestière, renferment toutes nos variétés d'arbres européens et, en plus, des magnolias, des camphriers, des cryptomérias, qui y viennent admirablement. Les cryptomérias sont des arbres qui atteignent 7 à 8 mètres de circonférence, avec une hauteur dépassant souvent 50 mètres. Leurs troncs, véritables colonnes gigantesques, sont dépouillés de feuilles jusqu'à une grande hauteur.

De même, le camphrier atteint parfois 50 mètres de hauteur et 10 mètres de circonférence. On en retire du camphre brut raffiné en Europe. Le bois de camphrier, grâce à la propriété qu'il possède de résister aux piqûres des insectes, est souvent utilisé en ébénisterie, pour la fabrication d'armoires, de coffres, malles, etc.

Le bambou occupe au Japon comme en Chine une place importante par les nombreux usages que lui assignent sa légèreté, son élasticité, sa bonne conservation. Au Japon, on mange également les jeunes pousses de bambous comme nous mangeons les asperges.

Chapitre III. — **Règne animal.**

§ 1. — *Pêche.*

Au chapitre traitant de l'agriculture, on a déjà parlé de la pêche, si importante au Japon ; le poisson, en effet, abonde parfois à tel point qu'on l'utilise alors pour la fumure des terres.

§ 2. — *Élevage.*

L'élevage, comme on l'a vu déjà, est à peine pratiqué. L'*Annuaire financier et économique* de 1903 accusait pour l'année 1901, 792.707 vaches, 489.634 bœufs soit un total de 1.282.341 bêtes à cornes ce qui fait un peu plus de 30 têtes de bétail par 1.000 habitants ; l'Angleterre, pour le même nombre d'habitants, en compte environ 800.

, Par la comparaison des chiffres officiels (¹) on constate cependant un progrès sensible dans ces dernières années. Car les Japonais commencent à consommer de la viande, nourriture autrefois prohibée par la religion bouddhiste.

La race bovine indigène est grande, bien constituée, généralement à robe noire.

Le cheval japonais appartient à la race mongole ; il est de petite taille, la tête est disproportionnée, le ventre gros, la poitrine peu développée et l'arrière-train défectueux : en un mot, il manque de « formes » ; d'aucuns prétendent que, en revanche il est très endurant. C'est une bête de somme, non de trait, pour la bonne raison qu'il existe au Japon peu ou point de voitures à traction animale.

En 1901, on comptait 1.553.173 chevaux et juments (¹).

Le mouton, qu'on a essayé d'acclimater, ne supporte pas le climat trop humide du pays ; en 1901, le nombre de moutons ne dépassait pas 2.545.

La chèvre est aussi relativement rare : 54.724 en 1901.

Le porc, si abondant en Chine, ne se rencontre que fort peu ici : 202.037 en 1901.

Le lapin est fort rare ; en 1873, on en paya 1.000 yen un seul spécimen.

Les chiens et chats sont rares et laids.

§ 3. — *Chasse.*

Il n'existe au Japon ni lion, ni tigre, ni panthère, ni léopard. Par contre les sangliers abondent ; ils sont parfois

---

(¹) *Annuaire financier et économique*, pages 48 et 49.

rouges et blancs, d'autres fois, entièrement rouges ; on rencontre aussi des loups, des chevreuils, des lièvres, des canards, des écureuils ; parmi le gibier à plumes, citons le faisan, les canards sauvages, les bécassines, les cailles, etc.

Chapitre IV. — Règne minéral.

§ 1. — *Généralités.*

D'après des vestiges retrouvés depuis peu, il est avéré que les Japonais se livraient, dès la plus haute antiquité, au travail des métaux et qu'ils excellaient dans cette occupation.

Cependant, remarque assez curieuse, les habitants n'ont jamais porté de bijoux et n'en portent pas encore.

Des lois minières, entrées en vigueur en 1873, disent que seuls les matériaux de construction appartiennent au propriétaire du sol, mais que les métaux et, en général, tous les minerais, appartiennent à l'Etat, qui n'en dispose qu'au profit des Japonais.

Les étrangers sont exclus de la possession du sol, et, naturellement, de l'exploitation des mines. Cependant, depuis 1900, « toute société constituée avec les Japonais, ou suivant la loi japonaise, peut exploiter les mines, de sorte que les étrangers même peuvent s'intéresser aux exploitations minières, en se faisant admettre comme membres de telles sociétés » (¹).

§ 2. — *Métaux précieux.*

L'or et l'argent que, d'après les récits des anciens explo-

(¹) *Annuaire financier et économique*, p. 50.

rateurs (Marco Polo, entre autres) on s'imaginait fort abondants au Japon, n'y existent réellement qu'en quantité assez limitée. La production, en progrès pour l'or et en diminution pour l'argent, y fut, en 1900, de 660.153 *momme* d'or, et 14.598.749 *momme* d'argent (¹) (1 *momme* = 3 gr. 75).

Le cuivre est le plus important des métaux extraits dans le pays. Ce cuivre est reconnaissable à sa couleur caractéristique rouge sang ; on le trouve surtout à l'état de pyrite.

L'extraction, en progrès constant, a atteint plus de 27.000 tonnes en 1901. Le Japon n'est plus dépassé, comme pays producteur de cuivre, que par les Etats-Unis, l'Espagne et le Chili.

§ 3. — *Plomb.*

Le plomb ne s'exploite guère à cause de la pauvreté du minerai, formé surtout de galènes pauvres. La production de plomb au Japon fut d'environ 1.900 tonnes en 1900 (²). On importe beaucoup de ce métal, employé notammeut pour la confection des caisses à thé.

§ 4. — *Etain.*

La production de ce métal est absolument insignifiante : à peine 12 tonnes en 1900. L'importation s'est élevée à 1.800.000 francs en 1901 (³).

§ 5. — *Zinc.*

Le zinc n'est pas exploité au Japon. En 1900, on en a importé pour une valeur d'environ 4 millions de francs et, en 1901, pour environ 2 ¹/₂ millions.

(¹) *Annuaire financier et économique*, p. 51.
(²) *Recueil consulaire*, tome 118, 3ᵉ livr., p. 238.
(³) *Ibid.*

§ 6. — *Nickel.*

Le nickel est très peu employé au Japon. En revanche, l'antimoine, son parent, sert à beaucoup d'usages.

§ 7. — *Antimoine.*

L'antimoine, jouit d'une grande vogue. Cependant, la production de ce métal diminue constamment, depuis 1886, probablement à cause de l'épuisement des gîtes ; la production de 3.994.209 *kin* en 1886 (le *kin* = 0,6 kg.) passe, en 1901, à 911.462 *kin*, soit environ 547 tonnes, après avoir atteint en 1900 le chiffre *minimum* de 716.477 *kin* [1].

On fabrique au Japon, au moyen de l'antimoine, des plateaux, théières, couverts, boîtes, pommeaux de canne, etc., objets qui revêtent souvent un caractère artistique et sont fort appréciés dans le pays.

§ 8. — *Fer.*

L'extraction du minerai de fer est insuffisante, quoique en progrès, du moins de 1900 à 1901, où elle a passé de 6.857.000 à 18.680.000 *kwan*. Le *kwan* équivalent à 3 kg. 75, la production de 1901 égale donc environ 70.000 tonnes.

On importe annuellement au Japon plus de 250.000 tonnes de fer et d'acier sous toutes les formes. Cette importation représente en moyenne une valeur de 50 millions de francs.

Le gouvernement a fait de grands efforts pour installer dignement l'industrie sidérurgique. Il a créé une usine, qui peut passer pour un modèle du genre, tant elle est dotée à profusion des derniers perfectionnements [2]. En 1901, elle

---

[1] *Annuaire financier et économique*, p. 51.
[2] *Recueil consulaire*, tome 118, 3e livr., p. 239.

occupait 2.216 ouvriers et pouvait produire annuellement 120.000 tonnes de fer, 45.000 d'acier Bessemer, 45.000 tonnes d'acier Siemens-Martin pour rails, plaques, etc. Son installation a coûté une cinquantaine de millions.

§ 9. — *Charbon.*

En général, le charbon japonais est de mauvaise qualité, ou plutôt d'un emploi difficile ; en effet, c'est un charbon gras, bitumeux, qui s'agglomère en brûlant et donne beaucoup de fumée et de cendres. Sa trop grande teneur en matières volatiles le rend peu apte à la fabrication du coke.

L'extraction de la houille au Japon est en progrès ininterrompu ; de 1.374.209 tonnes de 1.015 kgs en 1886, elle a passé, en 1901, à près de 9 millions de tonnes (¹).

Les deux principaux bassins houillers japonais sont celui de Kiu-Shiu au Sud et celui du Hokkaïdo ou Yezo, au Nord. Cependant, les gisements charbonniers sont très nombreux et éparpillés un peu partout.

Malgré sa qualité médiocre, le charbon japonais trouve des débouchés rémunérateurs dans tout l'Extrême-Orient, où il jouit d'une sorte de monopole. A citer parmi ses concurrents, le charbon de Kaïping, mine belge installée près de Tien-Tsin (Chine). L'exploitation du charbon japonais est facile et peu coûteuse, parce que, en bien des points, le combustible affleure.

§ 10. — *Pétrole.*

La captation des sources de pétrole est une industrie déjà ancienne ; en 1876, on comptait 522 sources exploitées, mais la quantité obtenue n'était guère considérable. Depuis lors, cette industrie n'a fait que prospérer : en 1901, on a recueilli

---

(¹) *Annuaire financier et économique,* p. 51.

983.799 *koku* (1 *koku* = environ 1 hl. 80). Cependant l'importation de pétrole est encore considérable ; en 1901, elle atteignait 68.996.392 gallons, d'une valeur de 14.943.400 *yen* [1]. Quoi qu'il en soit, les Japonais ont bon espoir de s'affranchir de l'étranger pour la production de la précieuse huile minérale.

Il existe au Japon quelques compagnies pétrolifères très puissantes : ce sont notamment l'*International Oil C°*, la *Japan Petroleum C°* et la *Tarakada Oil C°*.

§ 11. — *Soufre.*

Le Japon, à cause de sa nature volcanique, possède de riches gisements de soufre. En 1900, l'extraction du soufre atteignait 14.500 tonnes [2] ; en 1902, on en exporta pour une valeur de 759.083 *yen* [3].

§ 12. — *Divers.*

Le graphite, l'ocre rouge, le mercure et l'arsenic sont exploités, mais en petite quantité.

§ 13. — *Matières premières pour porcelaine.*

Le kaolin et toutes les espèces d'argile jusqu'à la terre à briques, résultats de la désagrégation des roches feldspathiques, sont forts abondants.

La pierre à porcelaine apparaît en masses provenant de la décomposition des roches volcaniques ; citons les célèbres pierres d'Arita, dans la province de Hizen (île de Kiu-Shiu).

La beauté de la porcelaine, de la faïence et des produits

---

[1] *Recueil consulaire*, tome 118, 3ᵉ livr., p. 247.
[2] *Recueil consulaire*, tome 118, 3ᵉ livr., p. 219.
[3] *Annuaire financier et économique*, p. 90.

céramiques japonais en général, prouve l'excellente qualité de la matière première.

§ 14. — *Pierres calcaires.*

La pierre de taille et la chaux sont peu exploitées, de même que les marbres, quoique ceux-ci soient fort beaux. Cette particularité provient de ce que toutes les maisons japonaises sont construites en bois.

§ 15. — *Ardoise.*

L'ardoise est exploitée : on s'en sert en guise de tablettes pour la préparation de l'encre de Chine; c'est l'encrier japonais.

Chapitre V. — Industries [1].

A. — Conditions générales.

§ 1. — *Division.*

Les industries japonaises peuvent se classer en deux grands groupes :

1° les industries familiales, comprenant de petites exploitations : (laque, soie, poterie, etc.) ;

2° les industries nouvelles ou grandes exploitations (filature de coton).

Les premières sont encore aujourd'hui les plus importantes.

§ 2. — *État général.*

Le tableau officiel ci-après (voir p. 40 et 41) renseigne assez complètement sur l'état général de l'industrie au Japon.

---

[1] Cf. *La concurrence industrielle du Japon* que vient de publier chez Larose, M. DECHESNE, trop tard malheureusement, pour que j'aie pu en profiter.

Quelques remarques à propos de ce tableau ; nous y voyons que le nombre des usines et ateliers a passé de 6.551 en 1899 à 7.172 en 1900, donc que, pendant une période d'une année il s'est établi au Japon 621 entreprises nouvelles, sans que cependant le nombre des usines employant plus de 500 ouvriers augmentât ; au contraire, on ne compte plus, en 1900, que 77 et 36 usines employant respectivement plus de 500 et plus de 1.000 ouvriers, contre 104 et 45 usines de ces deux catégories existant en 1899. Ce fait semble indiquer l'existence d'une crise industrielle, car si les grandes usines cessent le travail, ou même si leur nombre ne s'accroît pas, c'est probablement faute de trouver des débouchés suffisants pour leur grande production.

Le tableau indique aussi que l'industrie japonaise atteignit son maximum d'activité en 1898 ; l'année suivante se produisit une dépression brusque, surtout marquée par la diminution du nombre des chevaux-vapeur et des ouvriers. Cette dépression s'atténue dès 1900 ; le tableau ne nous permet pas d'en suivre le mouvement ultérieur.

§ 3. — *Concurrence éventuelle à l'Europe.*

Voici ce que Monsieur Bure, notre consul au Japon, dit de l'industrie japonaise et de la concurrence éventuelle qu'elle pourrait faire à l'Europe.

« 1° L'ouvrier n'a pas encore, au travail, l'entraînement et l'application de son concurrent européen ou américain ; son effet utile est beaucoup moindre et le prix des produits fabriqués, souvent plus élevé qu'à l'étranger, malgré des salaires en apparence inférieurs. C'est ce qui explique que, d'une façon générale, la concurrence japonaise, quoi qu'on en ait dit, a, jusqu'à ce jour, été peu dangereuse sur les marchés étrangers.

2° La direction manque encore souvent d'expérience, l'esprit d'organisation est peu développé, la plupart des

	USINES ET ATELIERS AVEC FORCE MOTRICE												USINES ET ATELIERS			
Années	Nombre des usines et ateliers	Nombre des machines à vapeur	Force en chevaux	Nombre des ouvriers employés			Usines classées suivant le nombre des ouvriers employés					Nombre des usines et ateliers	Nombre des ouvriers employés			
				Hommes	Femmes	Total	de 30 ouvr.	de 50 ouvr.	de 100 ouvr.	de 500 ouvr.	de 1000 ouvr.		Hommes	Femmes	Total	
1896	1.967	5.825	59.172	104.169	169.725	273.889	?	?	?	?	?	4.403	64.122	76.509	140.631	
1897	1.971	5.446	68.331	117.081	174.154	291.235	?	?	?	?	?	4.316	66.777	82.554	149.331	
1898	2.003	5.185	80.586	118.251	171.095	289.346	?	?	?	?	?	4.067	58.224	81.328	139.552	
1899	2.763	4.166	62.131	96.181	184.111	280.292	1.756	1.106	455	101	43	3.788	41.938	70.679	112.617	
1900	3.381	4.727	81.816	100.918	181.692	282.605	2.056	1.225	540	73	35	3.790	41.643	64.048	105.691	

(¹) *Annuaire financier et économique*, 1903, tableau VIII, page 53.

PERSONNEL (¹)

SANS FORCE MOTRICE						TOTAL										
Usines classées suivant le nombre des ouvriers employés					Années	Nombre des usines et ateliers	Nombre des machines à vapeur	Force en chevaux	Nombre des ouvriers employés			Usines classées suivant le nombre des ouvriers employés				
de 30 ouvr.	de 50 ouvr.	de 100 ouvr.	de 500 ouvr.	du 1000 ouvr.					Hommes	Femmes	Total	de 30 ouvr.	de 50 ouvr.	de 100 ouvr.	de 500 ouvr.	de 1000 ouvr.
?	?	?	?	?	1896	6.370	5.825	59.172	168.286	246.284	414.520	?	?	?	?	?
?	?	?	?	?	1897	6.317	5.446	68.331	183.858	256.708	440.566	?	?	?	?	?
?	?	?	?	?	1898	6.070	5.185	80.586	176.475	252.423	428.898	?	?	?	?	?
906	445	148	3	2	1899	6.551	4.166	62.131	138.119	254.790	392.909	2752	1551	598	105	45
911	400	123	4	1	1900	7.112	4.727	84.816	142.558	215.740	388.298	2997	1614	663	77	86

chefs d'entreprise s'étant improvisés eux-mêmes et n'ayant pas connu le long et rigoureux apprentissage usuel en Europe.....

» ..... L'opinion des hommes d'affaires étrangers habitant ce pays est que la concurrence du Japon n'est toujours pas à craindre, la vie y étant trop chère, les salaires et l'intérêt trop élevés, l'ouvrier trop exigeant, le marchand de même, et finalement le produit trop coûteux et généralement inférieur. » [1].

D'ailleurs, le tableau précédent nous montre que l'industrie ne s'est pas fort développée au Japon. Elle n'occupe que 388.000 personnes, sur une population de 44 millions d'habitants.

De ces 388.000 personnes, 245.000 sont des femmes. Le personnel des fabriques d'allumettes et des filatures mécaniques de coton, par exemple, se compose de femmes pour les trois quarts. Dans les manufactures de soie, il n'y a guère que des femmes : 103.000 femmes et 3.000 hommes [2].

Enfin, ce sont surtout les manufactures de l'Etat (36.000 ouvriers) qui sont outillées à l'européenne et elles ne travaillent que pour les besoins de l'Etat : chemins de fer télégraphes, flotte, armée, imprimerie. Mais l'industrie privée, dans son ensemble, est encore des plus rudimentaire : elle travaille surtout dans des ateliers familiaux, sans engins mécaniques, ou avec des appareils très simples et primitifs. Les industries qui emploient de la force motrice ne possèdent ensemble que 4.727 machines à vapeur, représentant 84 8 6 chevaux. Or, l'industrie belge occupe plus de 628.000 chevaux-moteur [3].

---

[1] *Recueil consulaire*, tome 118, 3e livraison, p. 252.

[2] *Annuaire financier et économique*, p. 55.

[3] *Recensement* de 1896.

On ne relève au Japon que 77 grandes usines, occupant de 500 à 1000 ouvriers, et 36 qui en occupent plus de 1.000 ; 663 en emploient de 100 à 500 ; 1.644, de 50 à 100, 2.997, moins de 50 et plus de 30. (Cf. Tableau.)

Bref, les établissements importants, outillés à l'européenne, ne consistent guère, jusqu'ici, en dehors des usines de l'Etat, qu'en quelques charbonnages, quelques exploitations pétrolifères, quelques mines de cuivre, quelques papeteries, fabriques d'allumettes, ateliers et chantiers de construction et filatures ('). Il n'existe pas encore de grande industrie métallurgique, verrière ni sucrière.

« Nulle part, sauf peut-être à Osaka, on n'a l'impression de se trouver dans un pays industriel comme on l'entend en Belgique » (²).

Il est vrai que le gouvernement pousse au développement de la grande industrie ; mais à mesure qu'il y réussira, la demande de bras fera hausser les salaires ; d'ailleurs ceux-ci augmentent déjà dans de fortes proportions ; généralement, pour les différents métiers, ils ont plus que doublé en 14 ans (1887-1901 (³) ; la majorité oscille entre 0 y. 450 et 0 y. 550, c'est-à-dire entre 1 fr. 20 et 1 fr. 40 environ (³). Les tableaux des salaires des ouvriers de l'Etat montrent que, tous les ouvriers occupés aux industries mécaniques, métallurgiques, exigeant des aptitudes techniques semblables à celles des ouvriers européens, gagnent des salaires qui peuvent fort bien être comparés aux leurs. Ainsi, dans les ateliers de construction et de réparation de matériel de chemin de fer à Shimbashi, la journée atteint 1 *yen* 90 ou 4 fr. 91 ; à Kobé, 2 *yen* ou 5 fr. 16 ; à Nahuno, 3 fr. 62 ; à l'arsenal maritime de

---

(¹) Cf. divers recueils consulaires, de 1895 à 1903.

(²) *Recueil consulaire*, tome 118, 3e livr., p. 252.

(³) Cf. *Annuaire financ. et écon.*, p. 73, tableau XIX.

Yokosuka, 4 fr. 39 ; dans les arsenaux de Saseho, Kusé-Kuré, à peu près le même taux ; à l'arsenal d'Osaka, le salaire atteint même 8 fr. 27. [1]

Ces salaires, il est vrai, sont des *maxima* et les écarts entre les extrêmes sont énormes ; mais ces chiffres montrent que l'aptitude technique se paie au Japon aussi bien qu'ailleurs et que les bas salaires ne concernent que l'industrie primitive du pays.

De plus, comme nous le disions naguère, ces bas salaires mêmes ont doublé depuis une quinzaine d'années et ne cessent de monter. Ceci, pour une excellente raison ; c'est que les objets de première nécessité ne cessent de renchérir au Japon, que la vie y devient de plus en plus chère. Depuis une quinzaine d'année (de 1887 à 1901) le riz a augmenté de 143 %, le thé de 50 %, le daïz (ou fève japonaise) de 83 % et les autres produits en proportion [2].

La vie à bon marché au Japon n'est donc plus qu'un souvenir ; fatalement, les salaires augmenteront encore et ce n'est pas la guerre actuelle qui fera baisser le prix des choses.

De sorte que, en dernière analyse, le bon marché de la main-d'œuvre japonaise, qui constituait pour beaucoup la raison dominante de croire à l'existence d'un « péril jaune », est en voie de disparaître.

B. — INDUSTRIES ALIMENTAIRES.

§ 1. — *Saké.*

Le saké est pour ainsi dire l'unique boisson alcoolique des Japonais. C'est un produit de la distillation du riz ; sa teneur

---

[1] *Annuaire financ. et écon.*, pp. 56-57.
[2] *Ibid.*, pp. 74-75.

en alcool s'élève à 11 ou 14 °/₀ ; il est donc plus alcoolique que la bière et moins que l'eau-de-vie.

En 1901, la production de saké a été de plus de 4 millions de *koku* (¹), ce qui fait environ 720 millions de litres ; le saké n'étant pas exporté, ce chiffre indique donc pour chacun des 44 millions de Japonais, une consommation annuelle d'environ 17 litres.

L'impôt sur le saké est très élevé et a rapporté à l'Etat, durant l'exercice 1903-1904, la somme de 66.535.404 *yen* (²) ou environ 172 millions de francs.

§ 2. — *Soy ou chôyû.*

La *chôyu* appelée *soy* par les Anglais est une sauce de couleur brune, servant d'assaisonnement à presque tous les plats, car la cuisine japonaise a ceci de particulier que la sauce n'est pas apprêtée avec les aliments, mais est achetée toute faite. D'où une industrie prospère, qui a produit en 1901, 1.700.000 *koku* de *chôyu* (³), soit pour une valeur d'environ 30 millions de *yen* [valeur moyenne du *koku* de *chôyu* en 1901 : 18 *yen* 120 (⁴)]. L'impôt sur la *chôyu* est également une source de revenus importants pour le Trésor (⁵).

La *chôyu* est composée avec la *soja* espèce de fève japonaise, à laquelle on ajoute de l'eau, du sel, du riz. La célèbre sauce anglaise du Worcestershire emploie la sauce japonaise comme matière première.

(¹) *Annuaire financ. et écon.*, pp. 58-59.
(²) *Ibid.*, p. 18.
(³) *Ibid.*, p. 59.
(⁴) *Ibid.*, p. 15.
(⁵) Cf. *Ibid.*, p. 18.

§ 3. — *Sucre.*

L'industrie du sucre se développe très peu au Japon, quoique la consommation soit en progrès. Après avoir subi quelques variations sans importance, la production s'est arrêtée en 1901, à un chiffre sensiblement égal à celui de 1886 ([1]).

L'importation du sucre ne fait qu'augmenter ; en 1900, elle s'élevait au chiffre de 26.606.527 *yen* et, en 1901, à celui de 33.500.000 *yen* ; sur 250.000 tonnes que le pays consommait en 1900, plus de 98 % étaient importés. Ce sucre vient en grande partie de la Chine ([2]).

L'infériorité des Japonais dans cette branche d'industrie tient surtout à la mauvaise qualité de leurs produits et au défaut de grandes usines bien outillées et bien dirigées.

§ 4. — *Kanten.*

C'est une colle ou gélatine végétale obtenue par la transformation de certaines algues, en gelée, au moyen de l'eau bouillante. Le *kanten* est un article d'exportation assez important vers la Chine, où on l'emploie dans l'économie domestique et la préparation des tissus ; depuis quelque temps, on en expédie également en Europe. On en a exporté, en 1902, pour une valeur de plus de 1 million de *yen* ([3]).

C. — INDUSTRIES TEXTILES.

§ 1. — *Industrie séricicole.*

Dans ce groupe d'industries, il faut citer, hors de pair, la fabrication de la soie et des tissus de soie.

([1]) *Annuaire financ. et écon.*, p. 59.
([2]) *Résumé statist. de l'Empire du Japon*, p. 41.
([3]) *Annuaire financ. et écon.*, p. 91.

En 17 années, la culture du mûrier a augmenté au Japon de 200 % ; en 1900, elle couvrait plus de 300.000 hectares.

Voici les chiffres de la statistique officielle concernant la production nationale ([1]) :

Années	Cartons de vers à soie	Cocons	Soie grège	Soie grège (qual. infér.)	Bourre de soie
	Nombre	Koku	Kwan	Kwan	Kwan
1895	3.938.388	2.258.173	1 603.311	696.377	61.772
1896	3.746.139	1.836.672	1.442.720	610 083	58.163
1897	3.988.569	2.124.238	1.537.561	629.375	68.452
1898	3.936 909	2.027.342	1.479.747	655 118	64.501
1899	3.795.030	2.512.562	1.754 242	1 523.174	99.228
1900	4.088.599	2.753.903	1.755.751	738.905	64.729

1 *koku* = 1.8039068 hectolitre

1 *kwan* = 3.75 kilogrammes.

Le Hondo central est la région par excellence de l'élevage du ver à soie.

« Parmi les productions naturelles du Japon, écrit le Consul général de Belgique à Yokohama, le riz, qui constitue la base même de son alimentation, vient en toute première ligne, mais la soie tient de très loin le premier rang parmi ses exportations :

Millions de yen

1900.	. 72.300.000 *yen* sur une export. totale de				204
1901.	. 109.100.000 »	»		»	252
1902.	. 114.000.000 »	»		»	258

([1]) *Recueil consulaire*, t. 118, 3ᵉ livr. p. 231.

On jugera par ce qui précède de l'importance prépondérante de la récolte de la soie pour ce pays, où 2 $^1/_2$ millions de familles s'occupent à élever le ver à soie et où existent près de 1/2 million de fabricants de soie brute [1].

L'exportation de la soie a surtout lieu par Yokohama, où existe un conditionnement public.

Kyoto est la métropole des tissus de soie japonais ; on en fabrique beaucoup également dans le Hondo.

En 1902, le Japon a exporté pour près de 200 millions de francs de soie grège [2].

§ 2. — *Industrie cotonnière.*

La filature du coton dans de vastes usines mécaniques, outillées à l'européenne, ne date que de quelques années ; mais elle a réalisé en ce court laps de temps des progrès tels, qu'elle connaît déjà les crises de la surproduction.

Le centre de l'industrie cotonnière est Osaka. En 1901, cette industrie a procuré de l'emploi à plus de 13.000 ouvriers et près de 50.000 ouvrières [3].

En 1902, le Japon a exporté pour près de 20 millions de *yen* de coton filé ; la valeur de cette exportation diminue depuis 1899, année où elle atteignit un *maximum* de 28 $^1/_2$ millions de *yen* [4].

L'importation de coton égrené a atteint en 1902 la somme énorme de 78.779.858 *yen* [5].

§ 3. — *Industrie lainière.*

Nous avons dit précédemment que le mouton ne peut pas être considéré comme un produit d'élevage du Japon ; la

---

[1] *Bulletin commercial*, n° 23, samedi 7 novembre 1903, page 884.
[2] *Annuaire financier et économique*, p. 91.
[3] *Ibid.*, p. 59. Cf. *Rénovation de l'Asie*, cit., pp. 221 et suiv.
[4] *Ibid*, p. 92.
[5] *Ibid.*, p. 96.

laine n'y put donc être connue avant l'ouverture du pays au commerce étranger, c'est-à-dire avant 1854. A partir de cette époque, des usines mécaniques furent installées par des Européens. Leur production, qui, en 1899, atteignit une valeur de 3.884.252 *yen* ([1]), est insuffisante pour les besoins du pays. On a importé au Japon, en 1900, pour environ 2 millions de *yen* de laine filée, 3 millions de drap, 7 millions de mousseline de laine ([2]).

§ 4. — *Ramie, chanvre, jute.*

Nous nous sommes occupé précédemment de la ramie et du chanvre. (V. Livre III, chap. II.) Quant au jute, il se rencontre dans différentes parties du pays. Les Japonais commencent à en faire des cordages et des tissus grossiers.

D. - Travail du bois.

Le Japonais est connu pour le goût raffiné qu'il montre dans la sculpture et, plus généralement, le travail du bois. Les bois sont rarement peints ou vernis ; les meubles sont cirés parfois laqués.

Le Japon est renommé pour sa marqueterie, universellement appréciée.

E. — Travail des métaux.

L'industrie sidérurgique et les industries extractives ont été examinées plus haut au chapitre III, traitant du règne minéral.

([1]) *Recueil consulaire*, tome 118, 3e livr., p. 268.
([2]) *Résumé statistique*, 1902, tableau VI.

— 50 —

F. — INDUSTRIES DIVERSES.

§ 1. — *Allumettes*.

La fabrication des allumettes, quoique toute récente au Japon, est déjà très importante et en voie de continuel progrès. En 1899, on comptait 278 fabriques d'allumettes, occupant 5.203 hommes et 14.026 femmes ; pour la même année, la valeur des produits fabriqués atteignait 5.871.506 *yen* ([1]), soit plus de 15 millions de francs. A la même époque, l'exportation des allumettes atteignit le chiffre de 5.890.666 *yen* ; la Chine et Hong-Kong sont les gros acheteurs de ce produit ([2]).

La majorité des fabriques d'allumettes se trouve dans l'île Niphon ou Hondo.

Les allumettes sont fabriquées en imitation des allumettes suédoises. Leur vogue augmente chaque jour, si l'on en juge par le chiffre d'exportation de 1902 [8.169.966] ([3]) comparé à celui de 1899 indiqué plus haut.

§ 2. — *Brosses*.

Osaka possède une des plus grandes fabriques de brosses du monde. Cette fabrique, dont le nom est *Imperial Brush Factory, Osaka*, occupe plus de 1000 ouvriers.

§ 3. — *Nattes et paillassons*.

En 1899, le Japon (Niphon, Shikoku et Kiushiu) a fabriqué pour plus de 6 millions de *yen* de nattes et paillassons ([4]). La

[1] *Résumé statistique*, tableau 17, p. 28.
[2] »   »   tableau 5, p. 29.
[3] *Annuaire financier et économique du Japon*, p. 93.
[4] *Résumé statistique du Japon*, tableau 16, p. 27.

consommation en est considérable : en effet, toutes les maisons japonaises, même les plus pauvres, ont des nattes épaisses de plusieurs centimètres en guise de tapis. L'exportation en est cependant très importante ; elle était, en 1899, de 3.700.000 *yen* et a presque doublé depuis (¹).

§ 4. — *Tresses de paille.*

Encore un produit, qui, en dépit de la modestie de son nom, alimente un commerce très important. En effet, la paille japonaise, très fine, convient parfaitement pour cette fabrication.

En 1902, la valeur de l'exportation des tresses de paille s'est élevée à 3 millions de *yen*, en chiffres ronds (²) ; cette exportation s'effectue principalement vers l'Angleterre et les Etats-Unis (²).

§ 5. — *Verrerie et gobeleterie.*

Ce genre d'industrie est peu développé au Japon, sauf cependant la gobeleterie qui y a fait de sensibles progrès. Pour ses glaces et ses verres à vitres, le Japon est encore tributaire de l'étranger, particulièrement de la Belgique, qui y a importé en 1901 pour 1 million de *yen* de verres à vitres et pour 200.000 *yen* de glaces (³).

§ 6. — *Papier.*

La fabrication du papier est de première importance au Japon, étant donnés les multiples usages qu'il y reçoit. Il

---

(¹) *Annuaire financier et économique*, p. 93.
(²) *Résumé statistique*, p. 39.
(³) *Recueil consulaire*, tome 118, 3ᵉ livr., p. 284.

sort pour l'écriture et l'imprimerie. Ce sont là ses deux emplois principaux. On en fait aussi des tentures, des emballages, des mouchoirs de poche, parapluies, parasols, des éventails, écrans et paravents, des lanternes, waterproofs, blagues à tabac, boîtes et malles, ficelles et carreaux de fenêtre. On peut même le ranger parmi les matériaux de construction, puisqu'on l'emploie pour séparer les différentes pièces de la maison japonaise; ou plutôt pour les former, car l'ensemble n'est, à proprement parler, qu'une vaste salle, qu'on divise en chambres au moyen de panneaux de papier glissant dans des rainures pratiquées au plafond et au plancher. On l'utilise aussi pour filtrer la laque et même pour panser les blessures.

Il faut dire, cependant, que le papier commence à être sérieusement battu en brèche, dans maintes de ses applications, par des matières mieux appropriées et introduites par l'étranger, telles le caoutchouc et le verre.

La pâte à papier se fabrique avec l'écorce de quelques arbustes à feuillage annuel, dont le plus important est le mûrier papyfère.

La fabrication du papier est une industrie essentiellement domestique; car les quelques usines qui se sont créées dans ces dernières années comptent pour peu dans la production totale.

En 1900, 67.207 ménages s'employaient à la fabrication du papier; pour la même année, les importations de papier européen s'élevaient à 4.397.581 *yen*. En 1901, cette exportation, en progrès, atteignait 1.659.300 *yen* (¹).

Le Japon fabrique quelques spécialités de papier; citons le papier-crêpe, portant des dessins de différentes teintes,

---

(¹) Cf. *Recueil consulaire*, tome 118, 3e livr., pp. 271 et suiv.

pour abat-jour, dessous de lampes, etc.; le papier-cuir, très
résistant, pour porte-monnaie, portefeuilles ; le papier huilé,
rendu ainsi translucide et imperméable, pour waterproofs,
lanternes, etc. ; enfin les éventails, dont l'exportation
moyenne s'élève à près de 2 millions de francs (¹).

G. — Industries d'art.

§ 1. — *Industrie artistique du bois.*

L'intérieur d'une maison japonaise est très simple et les
meubles y font presqu'absolument défaut; nul n'ignore, par
exemple, que pour prendre leurs repas, les Japonais se
couchent sur des nattes.

L'industrie de l'ameublement a pris naissance il y a
quelques années et ne fabrique, peut-on dire, que pour
l'exportation.

§ 2. — *Sculpture du bois, de l'os, de l'ivoire.*

En général, les objets sculptés sont de petite dimension.
On travaille également beaucoup la nacre et l'écaille de
tortue, et l'on en fait de jolis articles de fantaisie et de
toilette ; ils coûtent cher et on ne les exporte guère.

§ 3. — *Industrie de la laque.*

Cette industrie est essentiellement japonaise, car les
Japonais, qui l'ont reçue des Chinois, l'ont considérablement
perfectionnée. Actuellement, l'industrie de la laque occupe
la première place parmi les industries d'art japonaises.

En 1899, elle employait 20.373 ouvriers, principalement
dans le Hondo central et occidental (²); la valeur des pro-

(¹) *Annuaire financier et économique*, p. 93.
(²) *Résumé statistique*, tableau 9, p. 23.

düits fabriqués en 1901 était de 5.768.099 *yen* (¹) avec un chiffre d'exportation de près de 1 million de *yen* (²).

La laque est un produit naturel — la sève d'une variété spéciale de l'arbre sumac — infiniment supérieur, à tous les points de vue, aux vernis préparés. Elle est inattaquable aux agents atmosphériques et résiste, en général, à toutes les causes de destruction des couleurs et des vernis. Le Japonais se sert même de coupes et de bols laqués, et il paraît qu'on parle de l'utiliser pour préserver, de la corrosion, les coques de navires. Le procédé aurait donné d'excellents résultats, mais reviendrait fort cher.

Le laquage est un travail d'artiste qui, pour les belles pièces, demande un soin minutieux. On assure que « des artistes japonais, voulant éviter qu'un grain de poussière ne ternisse la couleur, c'est-à-dire que celle-ci soit l'idéal, sans mélange aucun, même vue au microscope, poussent la conscience jusqu'à ne travailler que dans des îlots entourés d'eau de toutes parts et seulement les jours où l'atmosphère est parfaitement calme » (³)!

La fabrication de la laque est surtout importante à Tokyo et dans les environs.

§ 4. — *Industrie textile artistique.*

Parmi les produits de cette industrie, il faut citer en premier lieu les mouchoirs de soie, dont l'exportation dépassait 3 millions de *yen* en 1902, après s'être élevée, en 1895, à plus de 5 millions (⁴).

Mentionnons encore sous cette rubrique les brocarts d'or et d'argent, ainsi que le crêpe de soie.

(¹) *Annuaire financier et économique*, tableau 2, p. 59.
(²)   *Ibid.*   »   6, p. 92-93.
(³) *Recueil consulaire*, tome 118, 3ᵉ livraison, p. 259.
(⁴) *Annuaire financier et économique du Japon*, p. 92.

§ 5. — *Industrie artistique des métaux.*

De même que dans les autres industries artistiques, les Japonais montrent une habileté extraordinaire dans le travail des métaux. Le métal le plus employé est le bronze. Ils fabriquent également beaucoup d'objets en argent, en fer mat (couleur de rouille), en cuivre, en antimoine, en étain, en fonte, en nickel, enfin en alliages de ces divers métaux. Ils réussissent très bien la damasquinerie sur acier oxydé. En général, leurs objets en métal revêtent un caractère hautement artistique.

§ 6. — *Arts céramiques.*

Les progrès de la poterie au Japon date de 724, époque de la découverte du four à poterie par un moine bouddhiste. Quant à la porcelaine elle y fut introduite, dans le courant du XVIᵉ siècle seulement, par les Coréens qui la tenaient des Chinois.

L'industrie des arts céramiques occupe au Japon environ 20.000 ouvriers [1] ; la valeur des produits fabriqués en 1901 atteignait 18 millions de francs [2].

Les centres de fabrication sont le Hondo (Kyoto) et l'île de Kiu-Shiu.

La ville japonaise qui fabrique la plus belle porcelaine est Yokohama. Arita (province de Hizen, au N. de Nagasaki) fabrique la porcelaine blanche et bleue dont la porcelaine de Delft s'est inspirée (vers 1560).

En 1900, l'exportation de la porcelaine et de la poterie s'est élevée à 2.471.904 *yen*, dont plus de 1 million pour les Etats-Unis [3].

---

[1] *Résumé statistique*, tableau 9, p. 23.
[2] *Annuaire financier et économique*, tableau 11, p 58.
[3] *Résumé statistique*, tableau 5, p. 40.

§ 7. — *Cloisonnés.*

Nous avons cru bien faire de réserver une place spéciale à l'industrie des cloisonnés, spéciale aux pays jaunes.

Les cloisonnés sont des objets en métal ou en porcelaine — ordinairement en cuivre — ornés d'émaux, chaque couleur étant renfermée dans une petite case de laiton séparée, de manière que les arêtes des cases marquent le dessin que l'on veut figurer. La perfection d'exécution est telle que les beaux objets donnent l'illusion de peintures sur porcelaine.

Il y a au Japon trois genres principaux de cloisonnés ; ils portent les noms des centres qui les fabriquent : Tokyo, Nagoya et Kyoto.

Les statistiques japonaises ne donnent malheureusement aucun renseignement sur cette industrie intéressante.

Chapitre VI. — **Développement économique.**

Le Japon a été ouvert au commerce étranger à partir de 1854, à la suite d'une expédition américaine commandée par l'amiral Perry. Cependant, ce n'est que depuis le rétablissement du pouvoir mikadonal ou impérial, en 1868, que le Japon a inauguré résolument l'ère de progrès et de développement extraordinaire qu'il a traversé depuis lors. Deux chiffres permettent de s'en rendre compte ; alors que le commerce total de l'Empire du Soleil Levant n'était, en 1868, que de 26 millions de *yen*, il s'élève, en 1901, à 508 millions, soit presque 20 fois autant qu'en 1868. Il est vrai que les prix exprimés en *yen* ont haussé, au moins depuis une quinzaine d'années.

Il est, nous semble-t-il, intéressant de jeter un coup d'œil rapide sur l'histoire commerciale de ce pays neuf.

Découvert en 1542 par Mendez Pinto (Espagnol), le Japon entretint d'abord des relations suivies avec l'Espagne et le Portugal, puis avec l'Angleterre et la Hollande. En 1637, les Hollandais seuls, en fait d'Européens, avaient encore accès au Japon et jouissaient, avec les Chinois, du privilège d'entretenir des relations commerciales avec ce pays. L'exercice de ce privilège, toutefois, n'allait pas sans des restrictions de toutes sortes ; les trafiquants étrangers étaient cantonnés dans quelques ports et ne pouvaient, sous aucun prétexte, s'aventurer à l'intérieur des îles. Le Japon, en somme, vivait absolument à l'écart. D'ailleurs, le commerce intérieur, aussi bien que le commerce extérieur, était entravé. Les moyens de transport et les voies de communication faisaient défaut ; de plus, les seigneurs faisaient tout leur possible pour contrarier le commerce entre leurs fiefs et les fiefs voisins. Enfin, dans ce pays soumis au plus absolu des régimes féodaux, la profession des armes était la seule honorable et la caste des marchands se trouvait placée au dernier degré de l'échelle sociale. Somme toute, ce régime ressemblait fort à celui de la féodalité qui pesait sur nos pays aux plus mauvais temps du Moyen-Age.

Ajoutez à ces causes de stagnation industrielle et commerciale la défense formelle de quitter le pays, de voyager, d'apprendre les langues étrangères, et l'on comprendra pourquoi un pays aussi riche que le Japon est resté, durant des siècles, inconscient de sa force, ou plutôt incapable de l'utiliser.

Sans transition, car l'action venait du dehors, ce régime d'étouffement fit place, en 1854, à l'ouverture du pays au commerce étranger. Toutefois, c'est surtout depuis 1868, date du pouvoir monarchique, que le Japon étonne continuellement l'Europe par ses réformes libérales, décidées avec une sûreté et exécutées avec une rapidité remarquables.

En 1901, son commerce extérieur ne s'élevait cependant qu'au chiffre relativement faible de 1300 millions de francs environ, pour une population de 44 millions d'habitants, soit 30 francs par personne; c'est peu encore, comparé à celui de la Grande-Bretagne à la même époque : 869.854.466 £ pour une population de 415 millions (¹), ce qui, en prenant la £ égale à frs 25,25, équivaut à près de 22 milliards de francs, ou 530 francs par habitant, soit près de 18 fois autant qu'au Japon. Mais il est certain que le commerce de ce pays ne fera que progresser, étant donné l'esprit d'initiative, combiné à l'esprit d'imitation, qui animent le Japonais moderne. L'Etat lui-même ne perd aucune occasion de pousser le pays dans cette voie; il y trouve son profit par l'accroissement des recettes douanières qui, de moins de 1 million de *yen* en 1868, passent à plus de 16 millions dans le budget 1903-04 (²). Ces recettes ont surtout augmenté depuis l'instauration, en 1899, d'un tarif de douane très élevé (250 °/₀ sur l'alcool ; 150 °/₀ sur le tabac).

Chapitre VII. — **Moyens de communication.**

§ 1. — *Navigation.*

Le nombre des bateaux japonais est en progrès constant, et devait l'être, en égard à la configuration du pays. Le tableau ci-après permettra de se rendre compte du développement extraordinairement rapide de la marine marchande japonaise par période décennale (³).

(¹) Chiffres du *Statesman's Yearbook.*
(²) *Annuaire financier et économique du Japon,* p. 4.
(³) *Ibid*, p. 157.

Fin de l'année	Nombre de vapeurs	Tonnage	Nombre de voiliers	Tonnage
1870	35	?	11	?
1880	210	?	329	?
1890	585	150.058	865	51.989
1900	1.329	543.465	3.850	320.571

Le Japon possède depuis peu de grandes compagnies internationales, qu'une loi sur les primes accordées à la marine marchande a puissamment encouragées. Cette assistance à la navigation absorbait en 1899, 4.500.000 *yen* environ (¹).

La côte japonaise est fort bien entretenue; elle est éclairée par environ 150 phares, fanaux et bouées, et balisée aux endroits fréquentés.

Les principales compagnies japonaises sont : la *Nippon Yousén Kaïsha* (C¹ᵉ des paquebots-poste japonais), qui possède 70 navires; l'*Osaka-Shôsén-Kaïsha* (C¹ᵉ de Navigation Commerciale d'Osaka) avec 77 navires; la *Tôyô-Kîsen-Kaïsha* (C¹ᵉ Orientale de navigation à vapeur).

Ces compagnies de navigation entretiennent des services réguliers avec la côte d'Amérique (San Francisco, Vancouver, Victoria, Seattle, Tacoma), avec Vladivostock et les autres points du globe.

La *Canadian Pacific Railway's Royal Mail Line*, possède de splendides vapeurs de plus de 6.000 tonnes (les *Empress*)

(¹) *Recueil consulaire*, tome 105, 4ᵉ livr., p. 422.

qui font le trajet Hong-Kong-Vancouver, *viâ* Shanghaï et les ports japonais; ils vont en 12 jours de Yokohama à Vancouver.

Les lignes du Pacifique (Amérique-Japon) sont très fréquentées par les voyageurs européens désireux d'éviter la mer Rouge et ses atroces chaleurs. D'ailleurs, le voyage ne dure pas plus longtemps; il paraît même qu'un essai d'expédition de 500 balles de cotonnade envoyées de Manchester au Japon, *viâ* Vancouver, a pu se faire plus économiquement que par le canal de Suez. Cependant, le Transsibérien, achevé depuis peu, est évidemment destiné à détourner une partie de la clientèle des lignes transpacifiques, étant donné que le voyage par cette voie sera plus rapide, plus agréable et plus économique.

Les principaux ports japonais sont Tokyo, Osaka, Yokohama, Hakodaté, Kobé, Nagasaki. Tous ces ports ont besoin d'agrandissements et d'aménagements nouveaux et d'importants travaux y sont en voie d'exécution.

Depuis 1854, la navigation à vapeur s'est implantée dans le pays; elle y fit les rapides progrès que nous avons constatés. Elle était au début pratiquée par des étrangers, ou, du moins, les vapeurs étaient tous de construction étrangère. Mais le Japonais est fier et tient à ne rien devoir à l'étranger; aussi le Parlement encouragea-t-il, par des primes, la construction navale nationale. Ses efforts ont été couronnés de succès. Le Japon possède actuellement cinq chantiers de 1re classe : Yokosuka (près d'Yokohama), Kuré (sur la mer Intérieure), Saseho (au N. de Nagasaki), Matzura (sur la mer du Japon), Mouroran (dans l'île d'Yezo). D'autres chantiers importants existent également à Kobé, à Osaka et à Nagasaki. La *Mitsu Bishi Dock Yard* de cette dernière ville, a construit en 1901, un grand vapeur, le *Kayu Maru* qui fait le service d'Anvers. Les chantiers sont cependant encore insuffisants pour la construction des navires de guerre, qui viennent presque tous d'Europe (Angleterre et France) et des Etats-Unis.

§ 2. — *Chemins de fer.*

Les travaux de construction des voies ferrées ont commencé au Japon peu après la Restauration de 1868. La première ligne réunit Yokohama à Tokyo en 1872, la seconde Kobé à Osaka, avec embranchement à Kyoto ; la troisième Kyoto à Tokyo. Depuis, l'étendue du réseau ne cesse d'augmenter. En 1902-1903, sa longueur était de 1.226 milles anglais, pour l'Etat, et 3.010 milles pour les compagnies, soit au total 4.236 milles (¹). Cependant, l'établissement des voies ferrées se heurte à des difficultés multiples inhérentes à la constitution physique du pays. Parmi ces obstacles, citons la configuration montagneuse des îles, les rivières qui se transforment subitement en torrents, l'abondance des pluies, d'où fréquence d'éboulements, les inondations, les tremblements de terre, les typhons, etc.

Les premières lignes japonaises sont dues à des ingénieurs anglais ; mais, dès 1884, les Japonais parvenaient déjà à dessiner et à construire leurs lignes. Ces chemins de fer sont tous à voie étroite (1 m.05), ce qui explique la lenteur de leurs trains.

La nationalisation de toutes les lignes et leur exploitation par l'Etat est en voie de s'accomplir.

§ 3. — *Tramways.*

La traction électrique se pratique surtout dans les grandes villes, qui possèdent également des tramways à traction

---

(¹) *Annuaire financier*, p. 136.

chevaline. Les progrès de ce genre de transport sont assez lents, à cause de l'opposition forcenée des nombreux traîneurs de pousse-pousse menacés dans leur monopole.

Chapitre VIII. — **Travaux publics.**

§ 1. — *Voirie.*

La chaussée pavée n'existe pas, ou presque pas au Japon. Le macadam suffit, vu l'absence de gros charrois.

§ 2. *Égouts souterrains.*

Les égouts souterrains y sont à peu près inconnus, sauf à Tokyo, qui consacre des sommes importantes à leur installation. Les autres villes vont probablement suivre cet exemple. Des conduites d'eau ont été établies à Tokyo par une société belge et à Yokohama, avec des tuyaux de la même société. Kobé, Nagasaki, et quelques autres villes ont également des distributions d'eau potable ; mais il existe plus de 50 villes, à population supérieure à 20.000 habitants, qui en sont dépourvues. Cet état de choses nuit grandement au fonctionnement des services en cas d'incendie ; et pourtant ces incendies sont d'autant plus désastreux que toutes les maisons sont construites en bois. C'est ainsi que la statistique officielle renseigne pour 1899, 4.612 cas d'incendie, ayant détruit 48 695 habitations [1].

[1] *Résumé statistique*, p. 109.

§ 3. — *Lumière électrique.*

La lumière électrique existe à Tokyo, Yokohama, Osaka, Kyoto, etc. Les compagnies d'éclairage électrique sont très prospères.

§ 4. — *Télégraphe.*

En 1902-1903, la longueur des lignes atteignait près de 30.000 kilomètres [1].

§ 5. — *Téléphone.*

Le téléphone jouit de la faveur particulière des Japonais ; en 1901, le réseau comptait 3.300 kilomètres, avec 18.667 abonnés [2]. Dans les villes, les Japonais ont à leur disposition, dans des aubettes *ad hoc*, des téléphones à fonctionnement automatique, innovation éminemment pratique s'il en fut.

Chapitre IX. — Institutions commerciales.

Le Japon possède un ministère de l'agriculture et du commerce, 58 chambres et 81 bourses de commerce [3], 500 bourses de riz, 2 musées commerciaux (Osaka et Tokyo), une Ecole supérieure du commerce (Tokyo), etc.

En 1899 existaient au Japon 7.631 sociétés, avec un total de capitaux versés égal à 683.820.225 *yen*, contre 2.104 sociétés (capitaux versés 148.353.118 *yen*) en 1894.

Le Japon possède un code de commerce, mais non des tribunaux consulaires.

Quant aux banques, elles s'y sont développées d'une façon

---

[1] *Annuaire fin. et écon.*, p. 135.

[2] Cf. *Recueil consulaire*, tome 118, 3º livr., p. 295.

[3] Cf. *Annuaire fin. et écon.*, pp. 66, 67.

remarquable ; à ce point de vue, l'Empire du Soleil Levant n'a plus rien à envier à la Vieille Europe. (Voir à la fin notre article Les Banques au Japon, *Bulletin de l'Association des Elèves de l'Ecole des Hautes Etudes c. et c.,* 1904, n° 3).

Chapitre X. — Commerce.

§ 1. – *Commerce général.*

Voici les chiffres officiels (voir p. 65) sur la valeur des exportations et importations japonaises de 1898 à 1902 [1] :

Il est à remarquer que, pour les marchandises, les importations l'emportent, pendant cette période, d'une manière constante sur les exportations. Ces excédents de valeur des achats sur les ventes doivent fatiguer le pays. Pour les vieux pays d'Europe, il est vrai, un excédent d'importations indique souvent une situation prospère ; il résulte, en effet, pour une grande part, du paiement en nature, soit des intérêts des capitaux nationaux placés è l'étranger, soit des gros profits réalisés à l'étranger par l'industrie nationale. Il ne peut pas en être de même au Japon, où les capitaux disponibles suffisent à peine au pays lui-même ; de plus, son commerce et son industrie ne sont pas encore assez importants pour un trafic bien intense avec l'étranger. Le Japon retire, d'autre part, certains profits de l'industrie des transports par eau ; profits qui sont, en quelque sorte, des exportations invisibles, comme on les appelle en Angleterre, donnant lieu, pour leur paiement, à des importations d'une valeur équivalente, visibles, celles-ci. Mais dans le cas présent, il est nécessaire de remarquer que la prospérité de

[1] *Annuaire fin. et écon.,* p. 76.

ANNÉES	MARCHANDISES				OR & ARGENT			
	Exportées	Importées	Excédent de l'exportat.	Excédent de l'importat.	Exportés	Importés	Excédent de l'exportat.	Excédent de l'importat.
1898	165.753.753	277.502.157	—	111.748.404	86 987 481	42 563 781	44.423 700	—
1899	214.929.894	220.401.926	—	5.472.032	11.178.247	20.533.501	—	8.985.254
1900	204.429.991	287.261.846	—	82.831.892	56 707 063	11.517.835	45 189.228	—
1901	252.349.543	255.816.645	—	3.467.102	14 049.099	10.960.750	3.088.349	—
1902	258.303.065	271.731.259	—	13.428.194	2 028.982	32.161.358	—	50.132.376

la plupart des compagnies de navigation japonaises dépend, en grande partie, des subsides leur alloués à titre d'encouragement à la marine marchande.

5

Les principales villes commerçantes du Japon sont des ports ; les voici par ordre d'importance : Yokohama, Kobé, Osaka, Nagasaki, Hakodaté, Niigata.

Les pays avec lesquels le Japon entretient les relations commerciales les plus importantes sont : d'abord, les Etats-Unis, distançant de loin tous les autres ; ensuite se classent la Grande-Bretagne, la Chine, Hong-Kong, l'Allemagne, les Indes Anglaises, la France, la Corée, la Russie d'Asie [1] ; vient ensuite, au 8ᵉ rang pour les importations et au 18ᵉ pour les exportations, la Belgique, dont le chiffre de commerce général avec le Japon, importations et exportations réunies, s'élevait en 1900 à 8.245.766 *yen,* dont 7.949.254 pour les importations au Japon.

La Belgique fait des progrès lents, mais ininterrompus ; en 1888, son commerce avec le Japon n'atteignait qu'une valeur de 346.000 *yen,* soit 0,36 °/₀ du commerce total de ce pays [2]. En 1888 et 1889, ces chiffres passent successivement à 626.000 et 960.000 *yen,* ou, proportionnellement, 0,48 et 0,70 °/₀ du commerce extérieur japonais pendant ces deux années. Pour 1899, la proportion monte à 1,13 °/₀ [2], pour 1900, à 1,67 °/₀ [1].

C'est surtout au point de vue des importations que nous sommes en progrès. Nous avons, en 1900, dépassé la France, alors qu'elle même et nos autres concurrents européens restaient à peu près stationnaires. Il y a lieu de se féliciter de ces résultats, qui seraient probablement plus satisfaisants encore si le vœu de nos consuls de voir s'établir au Japon des maisons d'importation belge — vœu d'ailleurs général pour tous les pays étrangers — se réalisait.

Le tableau ci-après, dressé au moyen des documents

---

[1] Cf. *Résumé statistique,* pp. 84, 85.
[2] *Recueil consulaire,* tome 110, 3ᵉ livr., p. 292.

statistiques officiels, montrera la nature des exportations et importations du Japon, ainsi que leur valeur pour chacune des marchandises à considérer ([1]). Ce tableau indique aussi les principaux pays intéressés ; il se rapporte à l'année 1900.

TABLEAU I. — Principales exportations.

DÉSIGNATION DES MARCHANDISES	VALEUR DÉCLARÉE	PRINCIPAUX PAYS IMPORTATEURS
	YEN	
Soie grège . . .	44.657.029	Etats-Unis, France, Italie.
Soie	960.687	France, Italie.
Déchets de soie .	3.200 631	France. Italie, Hong-Kong.
Tissus de soie. .	17.436.381	Hong Kong, Etats-Un., France
Taffetas. . . .	878 313	Etats-Unis.
Mouchoirs de soie	4.318.553	Et.-U., Angl., Hong-Kong, Fr.
	71.451.594	
Thé vert	8.104.638	Et.-U., Col. angl. de l'Amérique
Riz.	3 576.569	Et.-U., Russie d'As., Australie.
Camphre raffiné . .	3.070.701	Etats-Unis, Hong-Kong.
Champignons . . .	686.461	Hong-Kong, Chine.
Algues marines. . .	883 726	Chine.
Kanten (colle végétale)	964.322	Hong-Kong, Chine.
Coton filé. . . .	20.589.262	Chine, Hong-Kong, Corée.
Tapis	866.591	Angleterre, Etats-Unis.
Paille entrelacée . .	4.025.159	» »
Cuivre brut et préparé	12.725 935	Hong-Kong, Allemagne.
Allumettes	5.760.869	Hong-Kong, Chine, Indes Angl,
Parapluies européens.	860.986	Chine, Hong-Kong.
Eventails. . . .	911.077	Etats-U., France, Hong-Kong.
Objets laqués . . .	1.066.390	Angleterre, Hong-Kong.
Porcelaine et poteries.	2.471 904	Etats-Unis, Hong-Kong.
Nattes et paillassons.	3.310.012	Etats-Unis.
Huile de poissons . .	906 821	Allemagne, *Belgique* (217.411).
Cire végétale . . .	561.435	Hong-Kong.
Bambous.	317.649	Angleterre, Hong-Kong.
Houille	13.703.655	Hong-Kong, Chine, Indes Angl.

([1]) *Résumé statistique*, pp. 37, 38, 39, 41, 42, 43.

TABLEAU II. — **Principales importations.**

DÉSIGNATION DES MARCHANDISES	VALEUR DÉCLARÉE	PRINCIPAUX PAYS EXPORTANT AU JAPON
	YEN	
Coton { Coton brut. . .	58.500.002	Etats-Un., Indes Angl., Chine.
Coton filé . . .	7.043.046	Angleterre (presque total.)
Toile de coton .	5.558 004	» »
Coton imprimé .	2.002.732	» »
Satin de coton .	3.662.638	» »
Velours. . . .	864.494	» Allemagne.
	76.630.919	
Laine { Laine	3.919.693	Allemagne, Australie, Anglet.
Laine filée. . .	1.798.535	Allemagne.
Drap.	2.969.763	Anglet., Allemagne, *Belgique*.
Mousseline de l.	7.364.991	France, Suisse, Allemagne.
Flanelle . . .	917.932	Allemagne.
Satins . . .	1.120.737	Angleterre.
Couvertures de lit	393 635	Angleterre, Allemagne.
	18.485.286	
Cuir, peau prépar., etc	2.085.981	Etats-Unis, Indes Anglaises.
Lingots de fer . . .	962.910	Angleterre, Allemagne.
Fer en plaques. . .	4.080.543	» *Belgique*.
Rails	4.753.371	Et.-U., Angl., Allem., *Belgique*.
Fer en barres . . .	5.243.408	*Belgique* (2.498.804 yen).
Clous de fer. . . .	2.181.064	Etats-Unis, Allemagne.
Pipeaux et tubes en fer	2.981.693	Et.-Un., Angleterre, *Belgique*.
Montres	729.747	Suisse, France.
Machines pr filature .	899.634	Angleterre.
Locomotives . . .	1.089.209	Angleterre, Etats-Unis.
Navires à vapeur . .	2.648.877	Angleterre.
Tabac en feuille . .	454.293	Etats-Unis.
Cigarettes	99.828	Angleterre, Etats-Unis.
Papier pr l'impression	2.036.944	» Autriche.
Pétrole	14.162.652	Etats-Unis, Russie d'Asie.
Tourteaux de pétrole.	5.696.453	Chine.

Pour résumer les deux tableaux précédents, nous pouvons dire que le Japon exporte surtout de la soie brute et ouvrée, du coton filé, de la houille et des objets d'art. Quant aux importations, elles consistent essentiellement en matières premières : coton, laine, fer en lingots, plaques, barres, etc.

§ 2. — *Commerce avec la Belgique.*

a) *Exportations* (du Japon). — Quoique le chiffre des exportations du Japon en Belgique soit en progrès constant — *600.497 yen* en 1902 contre 50.125 en 1892 — il n'apparaît cependant guère brillant, lorsque l'on considère les chiffres concernant nos voisins (France : 27.2 ‹3.458 *yen*; Angleterre : 17.346.149 *yen*; Allemagne : 4.737.029 *yen*; Pays-Bas : en 1901, 344.025 *yen*; en 1902 : 745.249 *yen*).

Les principaux articles exportés vers la Belgique sont le camphre, l'huile de poisson, le riz, le cuivre raffiné, le *kanten*, le thé, la cire végétale. Nous pourrions acheter ces produits en beaucoup plus grande quantité que maintenant, au lieu de payer l'intermédiaire de l'étranger.

b) *Importations* (au Japon). A ce point de vue, notre place est plus re-pectable : nous avons exporté au Japon en 1902 pour *7 millions de yen* (¹) en chiffres ronds, de produits variés, surtout métallurgiques. La Belgique arrive au 1ᵉʳ rang pour l'importation au Japon du fer en barres. En 1892, ce commerce ne comportait que la valeur de 951.537 *yen* (²).

Nos principaux articles d'exportation au Japon sont, outre les produits métallurgiques (fers en barres, en plaques, machines), le verre à vitre, la laine peignée et les tissus. En 1899, nous y avons importé pour 4.007 *yen* de fusils de chasse, alors qu'en 1898 nous en avons importé pour 22.840 *yen*; nos concurrents pour les armes sont la Grande Bretagne, les Etats-Unis, l'Allemagne et la France (³). Notre commerce de sucre est en progrès; en 1901, nous avons

---

(¹) *Recueil consulaire*, tome 110, 8ᵉ livr., pp. 316-317.

(²) *Annuaire financier et économique*, p. 83.

(³) *Recueil consulaire*, tome 110, 8ᵉ livr., pp. 297-299.

importé pour 327.000 *yen* de sucre, contre 101.204 en 1900. Les concurrents qui nous y distancent sont Hong-Kong, l'Allemagne, la France, l'Autriche, les Iles Philippines, les Indes Néerlandaises et la Chine.

Pour comparaison, nous indiquerons ci-après le montant des importations au Japon des pays qui y devancent la Belgique ([1]). Ces chiffres sont donnés pour 1902.

Indes Anglaises	Angleterre	Etats-Unis	Chine	Allemagne	Corée
50.977.168	50.361.029	48 652.825	40.590.858	25.812.921	7.957.916

(ce n'est donc plus le 8ᵉ rang comme en 1900 mais le 7ᵉ rang que nous occupons en 1902.)

En résumé, pour ce qui nous concerne, nos relations avec le Japon, quoique en progrès, sont encore insuffisantes, eu égard à l'importance de notre commerce extérieur, qui dépasse les 4 milliards, soit environ le cinquième de celui de l'Angleterre, alors qu'il résulte des chiffres précédents que le montant de notre commerce avec le Japon équivaut environ à la douzième partie de celui de l'Angleterre.

Nous ne nous perdrons pas à examiner les causes de cette situation ; d'autres, et ils sont nombreux, l'ont fait mieux que nous ne pourrions y parvenir. Depuis longtemps, on a reconnu le peu de vitalité de notre commerce avec les pays d'outre-mer ; l'on a proposé divers remèdes : création de maisons de commission, d'une marine marchande, etc., reste à les appliquer.

A propos du commerce extérieur, nous remarquons un fait qui prouve le souci constant des Japonais de se passer,

---

([1]) *Recueil consulaire,* tome 118, 3ᵉ livr., p. 287.

autant que faire se peut, de l'aide intéressée de l'Européen : c'est la tendance bien marquée qu'ont les échanges à s'opérer sur navires battant pavillon japonais.

	Valeur en *yen* des marchandises transportées		
	par bateaux japonais	°/o	par bateaux étrangers
En 1884	8.263.000	15	52 300.000
En 1900	139.500.000	31	288.000.000

Chapitre XI. — Finances gouvernementales.

La situation financière du Japon est satisfaisante. Elle a subi des fluctuations importantes en ces dernières années, comme le fera voir le tableau ci-après :

Exercices	Recettes (en millions de *yen*)	Dépenses (en millions de *yen*)
1894-1895	98	78
1899-1900	254	254
1900-1901	296	293
1901-1902	274	267
1902-1903	282	282
1903-1904	252	245

Quant à la dette nationale, elle atteignait, en 1902, 519 millions de *yen* environ, soit 1 ½ milliard de francs, ce qui donne approximativement une dette de 30 francs par habitant. L'Autriche-Hongrie, qui est le pays d'Europe dont le chiffre de population se rapproche le plus de celui du Japon, possède une dette publique de 14 ¹/₄ milliards de francs. La nôtre équivaut environ au double de celle du Japon.

Chapitre XII. — Système monétaire.

Le système monétaire japonais remonte à 1601, date où le premier monnayage d'or et d'argent a été adopté. Après la révolution de 1868, le gouvernement élabora une loi qui, promulguée en 1871, établissait le monométallisme or. Cependant, le pays étant le seul d'Extrême-Orient qui possédât l'étalon d'or, le gouvernement fut obligé de faire frapper des pièces de 1 *yen* en argent destinées spécialement aux relations extérieures. Plus tard, on fut forcé, par suite du manque de métal étalon, d'adopter le monométallisme argent. Mais ce n'était là qu'obéir à une nécessité ; aussi, lorsque l'indemnité de guerre versée en 1897 par la Chine eut fait entrer dans le Trésor une quantité importante de métal jaune, le gouvernement s'empressa-t-il de réinstaurer l'étalon d'or. Son rétablissement était alors possible ; en effet, la valeur de la monnaie d'or existant dans le pays avait passé de 13 millions de *yen* environ en 1896, à 80 millions en 1897.

En 1902 le montant de la monnaie d'or existant au Japon atteignait 89.247.908 *yen* ; le montant des espèces et de la monnaie fiduciaire en circulation s'élevait à 326.572.380 *yen* (¹).

Le Japon a traversé, en 1899-1900, une crise financière remarquable par son intensité et sa vivacité. C'est surtout au point de vue monétaire que la situation devint menaçante (¹). Cette crise fut caractérisée par l'excédent des

---

(¹) Cfr. *Bulletin Commercial*, 9 mars 1901, p. 110.

exportations d'or, surtout considérable durant les quatre derniers mois de l'année 1899 : 20.600.000 francs environ. Cet excédent d'exportation a pris des proportions plus étendues encore dans les années qui suivent ; à ce point que la valeur des espèces d'or tomba de 93 millions de *yen* en 1899, à 53 millions en 1900 (¹). Cette fuite de l'or était due apparemment à la quantité énorme des marchandises importées en 1898 et 1899 : 277.500.000 *yen* en 1898 ; 230.000.000 en 1899. Ce fait semble être la conséquence logique de la civilisation par trop intensive dont le Japon s'est vu le théâtre.

Un des inconvénients les plus immédiats de l'incertitude réelle de la situation monétaire au Japon est la crainte qu'éprouvent les capitalistes étrangers à placer leurs capitaux dans ce pays, inconvénient d'autant plus marqué que ce sont surtout les capitaux qui font défaut au Japon. La situation monétaire, indiquée clairement par les cours du change sur l'étranger, s'est cependant beaucoup améliorée depuis le rétablissement en 1897, de l'étalon d'or.

Chapitre XIII. — Colonie.

Formose.

Malgré l'envie qu'ils ont de prendre pied sur le continent en commençant par la presqu'île coréenne, les Japonais doivent se contenter actuellement de la seule île de Formose, possession peu enviable, si l'on considère qu'elle lui coûte annuellement bon nombre de millions tout en ne lui rapportant pas grand' chose.

Comme nous le disions au début, Formose n'est guère bien partagée au point de vue des populations qui l'habitent ; l'occupation de l'île par les Japonais n'a pas encore fait disparaître la barbarie native de ces peuplades à. demi-sauvages.

L'île exporte principalement du sucre brun, du sucre blanc, du riz, chanvre, camphre, bois, des fèves, pois, fibres d'ananas, jets de bambous, etc. En 1902, ces exportations s'élevaient à 14 millions de *yen* environ et les importations à 10 millions.

Le commerce de Formose est encore exercé presque exclusivement par des Chinois.

Conclusion.

Le Japon est un pays d'avenir, qui, d'ailleurs, peut être considéré déjà comme l'égal de maintes puissances européennes, comme leur étant supérieur même, car celles-ci sont vieilles, et lui se trouve dans toute l'ardeur de l'adolescence.

Le Japon produit l'impression d'une jeune Grande-Bretagne, s'éveillant aux confins du monde asiatique ; cette comparaison des deux pays, toute question économique à part, s'évoque à première vue par leurs positions géographiques respectives, sensiblement symétriques par rapport au continent européen asiatique. D'autre part, certaines ressemblances du caractère de ces deux peuples, d'essence si différente, sont remarquables, telles l'éloignement systématique de l'étranger, la confiance en soi seul, le besoin d'élargir leurs frontières. Aussi, si le péril japonais ne paraît être qu'un mythe au point de vue économique, n'en est-il pas de même au point de vue des guerres et des conquêtes. C'est ce que le résultat de la lutte actuelle nous apprendra.

Malgré les progrès immenses réalisés par l'Empire du Soleil Levant depuis sa naissance économique, c'est-à-dire depuis la révolution monarchique de 1868, il lui reste encore beaucoup à achever, sinon à faire, avant de s'être créé une existence large et assurée. Le danger à éviter pour les peuples nouveau-venus dans le monde économique, c'est la présomption de se croire trop tôt capables de marcher sans aide. Le Japonais, patriote par excellence, ne devait pas y échapper. De là, un peu d'inexpérience et d'exubérance dans le mouvement industriel, commercial et financier, se traduisant par la surabondance des banques, par la mauvaise gestion des sociétés, par l'abus du crédit. On reproche également aux Japonais de ne pas encore appliquer ces deux axiomes en matière de commerce et d'industrie : « Time is money » ; « Honesty is the best policy ».

Cependant, à part quelques critiques de détail, on peut affirmer que le Japon s'est parfaitement civilisé, mieux que certains pays d'Europe. Cette civilisation, si rapidement acquise, aura-t-elle des effets durables ? Rien ne pourrait en faire augurer autrement : le Japonais est travailleur, intelligent, brave, patriote, robuste, endurant ; autant de qualités qui font la force d'un peuple, surtout lorsqu'il habite un pays riche et bien situé. Les capitaux, il est vrai, manquent au Japon et son essor économique s'en ressent. Mais, par le travail, on crée des richesses ; c'est ce qu'il fera, si son ambition démesurée ne lui est fatale.

ANNEXE

Les Banques au Japon

L'*Annuaire financier et économique du Japon*, de 1903, publié en français par le Ministère des Finances, renferme des notes intéressantes sur les banques de ce pays. On ne pourrait, certes, en puiser, sur ce sujet, à meilleure source. C'est ce qui nous décide à en donner ici un résumé.

Nous passerons ainsi successivement en revue les banques nationales, la Banque du Japon, la Banque d'escompte de Yokohama, la Banque hypothécaire du Japon, les banques agricoles et industrielles, la Banque de Taïwan, la Banque de défrichement et de colonisation de Hakkaïdo, la Banque industrielle du Japon, et, enfin, les banques ordinaires.

I. — Banques nationales.

Ces institutions de crédit furent fondées pour aider au développement du commerce et pour retirer de la circulation le papier-monnaie émis par l'Etat. Elles furent établies sur le modèle des banques nationales d'Amérique. Une loi de 1872 régla leur constitution. Ces banques devaient déposer auprès du gouvernement, en garantie de l'émission de leurs billets et pour un montant égal à 60 p. c. de leur capital respectif, des titres de rente établis en contre-valeur du papier-monnaie de l'Etat remboursé par elles. Avec une autre réserve métallique de 40 p. c. du capital, elles pouvaient émettre des billets pour une valeur d'une fois et demie leur capital.

Une loi de 1876, qui favorisa l'émission des billets en diminuant le taux de la réserve, dépassa à tel point le but visé, que l'on dut fixer un maximum d'émission. Cependant, le nombre de ces banques continua à augmenter dans des proportions inquiétantes :

ANNÉES	1873	1876	1877	1878	1879
Nombre de banques	3	11	37	139	152

Ce mouvement entraîna comme conséquence la baisse du papier-monnaie et surtout des titres de rente, et, comme contre-partie, une hausse formidable des articles de consommation.

En 1878, on décida d'enrayer ce mouvement en modifiant entièrement le régime des institutions de crédit; la fondation de la Banque du Japon fut décidée; cette nouvelle banque eut pour mission de substituer aux anciens papiers-monnaies des billets de banque remboursables en espèces. De plus, par une série de lois, le Gouvernement réussit à faire disparaître progressivement l'organisme défectueux des Banques nationales; elles étaient toutes liquidées avant février 1899.

II. — Banque du Japon.

La Banque du Japon est analogue à notre Banque Nationale. C'est une société anonyme par actions; son capital est actuellement de 30 millions de yen (¹) entièrement versés depuis 1898.

(¹) Depuis que le Japon a adopté l'étalon d'or (1897), le yen a la valeur fixe de fr. 2.55, valeur qui ne fluctue plus que dans la proportion de 1 à 2 % avec l'agio.

Les billets émis par la Banque du Japon doivent être garantis par une valeur égale en or et argent, monnayés ou en lingots. De plus, la Banque a le privilège de mettre en circulation, jusqu'à concurrence de 120.000.000 de yen, des billets garantis par des rentes d'Etat, des bons du Trésor, des valeurs ou des effets de commerce bien cotés ; au-delà de cette limite, le surcroît est imposé d'un droit de 5 p. c.

Les opérations de la Banque du Japon consistent :

1" A escompter ou à négocier les billets émis par le Gouvernement, les traites et les effets de commerce ; le maximum du montant des effets escomptés a été atteint en 1900, année où il s'élevait à 588 millions de yen contre 419 en 1899, 505 en 1901 et 274 en 1902.

2" A faire des avances sur nantissements d'or ou d'argent monnayé ou en lingots.

3" A acheter ou à vendre l'or et l'argent en lingots.

4° A se charger d'encaissements pour les sociétés, banques ou commerçants qui sont en relations avec elle.

5° A ouvrir des comptes-courants de numéraire.

6° A se charger de la garde et de la conservation des titres et des métaux précieux.

7" A ouvrir des crédits en comptes-courant ou à terme sur garantie de titres de rente, de billets émis ou d'autres valeurs garanties par l'Etat.

8° Enfin, la Banque du Japon est chargée du service du Trésor public.

III. — La Banque d'escompte (Specie Bank) de Yokohama.

Elle fut fondée en 1880 dans le but de favoriser le commerce extérieur du Japon. Son capital, fixé au début à 3 millions de yen, fut porté à 24 millions en 1899, dont 18 millions sont déjà versés.

Cette banque, eu égard à son but, fut protégée par le Gouvernement d'une manière toute spéciale : elle put, par exemple, disposer d'un crédit de plusieurs millions de yen sur réserve du Trésor pour la négociation des traites documentaires tirées sur l'étranger. Il faut dire que cette faveur par trop exceptionnelle lui fut retirée dès l'année 1889. Toutefois, le Gouvernement obligea la Banque du Japon à passer, avec la Banque d'escompte, un contrat pour le réescompte (au taux de 2 p. c. par an et jusqu'à concurrence de 20 millions de yen) des traites sur l'étranger endossées par cette dernière banque.

Les opérations de la Banque d'escompte consistent :

1° A négocier les lettres de change et les traites documentaires pour l'intérieur et l'étranger ; le montant des effets escomptés s'est élevé à 230.659.018 yen en 1898 et diminue régulièrement depuis ; en 1902, il atteignait seulement 73.028.653 yen.

2° A faire des avances.

3° A recevoir les dépôts de comptes divers et les dépôts de conservation.

4° A escompter les traites, billets à ordre et autres effets négociables et à se charger de l'encaissement des factures.

5° A pratiquer le change des monnaies.

Elle peut, de plus, faire le commerce des titres et des métaux précieux, se charger de la négociation des emprunts étrangers et même faire le service des fonds du Trésor, suivant les ordres du Gouvernement.

IV. — Banque Hypothécaire du Japon.

Celle-ci a été fondée dans le but de développer le commerce et l'industrie en faisant, sur hypothèque de biens immobiliers, des avances à long terme et à taux d'intérêt peu élevé.

Elle fut créée par une loi de 1896, au capital de 10.000.000 de yen. De même que ses similaires, elle opère surtout des prêts hypothécaires remboursables par annuités. Elle peut acheter temporairement, si l'encaisse le permet, des titres de rente et des obligations de départements et de villes, ou bien opérer des dépôts dans des banques sûres. Elle peut, sous certaines conditions, émettre des obligations susceptibles d'être remboursées avec primes.

Le Gouvernement a garanti un dividende de 5 p. c. pour une durée de 10 ans.

V. — Banques agricoles et industrielles.

Elles sont établies dans chaque département comme institutions de crédit local prêtant à long terme et à petit intérêt. Elles sont constituées sous la forme anonyme, au capital minimum de 200.000 yen pour chacune d'elles ; la loi de 1896, qui a régi leur fondation, établit que l'île d'Yéso (ou Hokkaïdo), ou chaque département, constitue, d'une manière générale, une circonscription de banque.

Les opérations multiples de ces banques peuvent être résumées comme suit :

1° Prêts hypothécaires remboursables par annuités.

2° Prêts sans hypothèque à tout corps public légalement constitué, tel que ville ou commune.

3° Prêts sans hypothèque et à terme fixe de moins de cinq ans à des groupes de plus de vingt membres solidairement responsables, soit d'agriculteurs, soit d'industriels.

4° Prêts sans hypothèque, mais sous certaines conditions strictes, à des propriétaires fonciers et à des associations de consommation, de production et de crédit.

5° En général, toutes opérations ordinaires de banque.

En 1902, il existait 46 de ces banques, dont le capital autorisé s'élevait à 28.370.000 yen et le capital versé à 27.657.234 yen ; le mouvement des avances atteignait le chiffre de 38.418.801 yen.

VI. — Banque de Taïwan (Formose)

La Banque de Taïwan fut fondée en 1897, sous la forme anonyme, au capital de 5.000.000 de yen, dont 2.500.000 yen étaient versés en 1902.

Ses opérations consistent ;

1° A escompter les traites et les effets de commerce.

2° A négocier les lettres de change et les traites documentaires.

3° A se charger de l'encaissement des effets pour les sociétés ou les négociants avec lesquels elle est habituellement en relations.

4° A effectuer des prêts sur hypothèque d'immeubles de valeur ou sur nantissement de mobiliers également sûrs.

5° A recevoir des fonds en dépôts ou à ouvrir des crédits à découvert ou en compte-courant.

6° A recevoir en dépôt de conservation l'or et l'argent monnayés ou les métaux précieux en lingots, ainsi que les valeurs en titres.

7° A acheter ou vendre les métaux précieux en lingots.

8° A acheter temporairement des titres de rentes, obligations locales, etc.

La Banque de Taïwan a la faculté d'émettre des billets à complète garantie métallique. Pour une valeur inférieure au montant des billets de cette catégorie et, en tous cas, pour une valeur moindre de 5.000.000 de yen, elle peut émettre des billets garantis par des bons du Trésor, des billets de banque (du Japon) ou des valeurs commerciales de bon crédit.

VII. — Banque de défrichement et de colonisation du Hokkaïdo.

Hokkaïdo (ou Yézo) est la plus septentrionale des grandes îles japonaises. Son climat, assez défavorable, et sa situation topographique ont retardé son développement économique comparativement à ses voisines méridionales ; aussi, le Gouvernement central considère-t-il Hokkaïdo comme une colonie de peuplement et favorise-t-il énergiquement sa colonisation. La création, en 1899, de la Banque de défrichement et de colonisation en est une preuve. C'est une Société anonyme par actions, fondée au capital de 3.000.000 de yen, dans le but d'ouvrir des crédits pour les travaux de défrichement et de colonisation du Hokkaïdo, en prêtant des fonds à long terme et à intérêt minime sur hypothèque d'immeubles ou sur nantissement de produits agricoles, de titres, etc.

En outre, elle négocie les traites documentaires ; elle reçoit des dépôts en compte-courant ou en conservation ; elle effectue des prêts sans hypothèque aux pouvoirs publics constitués par la loi dans le territoire du Hokkaïdo (arrondissements, villes, communes). Elle peut émettre des obligations pour une somme ne dépassant pas cinq fois le capital versé, sans toutefois que le montant de l'émission puisse dépasser celui des prêts remboursables par annuités.

Cette banque est protégée par le Gouvernement, qui a souscrit le tiers du capital, soit 1.0⁄ 0.000 de yen, dont il a versé 700 000 yen ; le dividende en est abandonné à la Société pour une durée de dix ans.

VIII. — Banque Industrielle du Japon.

C'est une Société anonyme fondée par une loi de 1902 au capital de 10.000.000 de yen, dont le quart est déjà versé.

A l'inverse de ce qui a lieu pour la Banque hypothécaire et les Banques de l'agriculture et de l'industrie, qui pratiquent les opérations de crédit immobilier, la Banque industrielle est une sorte de crédit mobilier ; en effet, elle accorde des avances sur nantissement d'obligations et d'actions de Sociétés commerciales.

Les opérations de cette Banque consistent :

1" A faire des prêts sur nantissement de rentes d'Etat, d'obligations locales, d'obligations et actions de sociétés industrielles et commerciales.

2° A souscrire les valeurs susdites.

3° A recevoir des dépôts en compte ou en conservation.

4° A pratiquer, pour le compte d'autrui, des opérations sur actions et obligations.

La Banque industrielle peut émettre des obligations ; elle est protégée par le Gouvernement qui garantit, pendant cinq ans, au capital versé, un intérêt de 5 p. c.

Il est à remarquer que les sept espèces de banques existantes, examinées jusqu'ici, sont toutes protégées par le Gouvernement selon le but que celui-ci a eu en vue en les fondant. Cette protection, hautement avantageuse, cela va de soi, entraîne cependant certaines obligations formelles de la part des banques favorisées. C'est ainsi qu'elles sont soumises à quelques restrictions dans leurs opérations et à la stricte surveillance du Gouvernement ; leurs opérations, ainsi que leurs statuts, doivent être approuvés par le ministre des finances ; des inspecteurs spéciaux ont pour mission de renseigner le Gouvernement sur leur fonctionnement ; enfin, la nomination des gouverneurs, présidents des Conseils d'administration et administrateurs sont faites directement par le Gouvernement ou ratifiées par lui. Ces banques sont, en résumé, des organismes semi-officiels.

IX. - Banques ordinaires.

Avant 1893, les banques ordinaires étaient, en fait, libres de tout contrôle, aussi bien pour leur fondation que dans le cours de leurs opérations. Cette situation présentait des inconvénients au point de vue de la surveillance. Aussi, ces banques furent-elles soumises, dès 1893, à une réglementation sévère : leur fondation ou la fusion de deux d'entre elles doit être autorisée par le ministre des finances, auquel doivent être présentés également leurs inventaires semestriels, le tableau de leur actif et de leur passif, ainsi qu'un rapport général sur leurs opérations ; elles doivent, de plus, publier leur bilan dans des formes prescrites.

En 1901, on comptait 1867 banques ordinaires, avec un total de capitaux égal à 365.031.900 yen.

X. — Banques d'épargne.

Les Banques d'épargne ont été organisées par une loi de 1890, entrée en vigueur en 1893.

La Banque d'épargne doit être une Société anonyme par actions, au capital d'au moins 30.000.000 de yen. Elle doit déposer, comme garantie de remboursement à la Caisse des dépôts et consignations, en titres de rente ou obligations locales portant intérêts, une somme égale au quart du montant des dépôts publics. Les modifications éventuelles aux statuts doivent recevoir l'approbation du ministre des finances ; pour les autres règlements, elles sont soumises à ceux qui régissent les banques ordinaires.

Leur nombre augmente rapidement ; de 24 en 1893, il passe à 448 en 1898 et 714 en 1901 ; à cette dernière date, leurs capitaux autorisés s'élevaient à 50.281.300 yen et les dépôts en Caisse d'épargne à 144.028.072 yen.

Outre leurs fonctions de Caisse d'épargne, les Banques d'épargne effectuent encore les opérations ordinaires de banques.

Un fait particulier à noter est la responsabilité étendue des administrateurs de ces banques ; en effet, ils sont solidairement responsables des opérations faites pendant la durée de leurs fonctions, et cette responsabilité ne s'éteint que deux ans après leur retraite.

TABLE DES MATIÈRES

ERRATA

Page 5, ligne 12, *lire* cîne *au lieu de* âme ;

Page 17, ligne 17, *lire* raz-de-marée *au lieu de* ras-de-marée ;

Page 35, ligne 5, *lire* l'antimoine jouit *au lieu de* l'antimoine, jouit ;

Page 35, ligne 24, *lire* il a créé, à Wakamatsu (Kiu-Shiu), une usine *au lieu de* il a créé une usine ;

Page 57, ligne 31, *lire* date de l'avènement du pouvoir *au lieu de* date du pouvoir.

[illegible]

[illegible]
[illegible]
[illegible]
[illegible]
[illegible]

[illegible]

www.ingramcontent.com/pod-product-compliance
Ingram Content Group UK Ltd.
Pitfield, Milton Keynes, MK11 3LW, UK
UKHW021204220726
13924UKWH00003B/1307